The Love Letters of Kahlil Gibran

爱，如蓝色的火焰

————

纪伯伦爱情书简

〔黎〕纪伯伦 著

薛庆国 译

中央编译出版社
CCTP　Central Compilation & Translation Press

图书在版编目（CIP）数据

爱，如蓝色的火焰：纪伯伦爱情书简／（黎）纪伯伦著；
薛庆国译. —北京：中央编译出版社，2013.8

ISBN 978－7－5117－1729－0

Ⅰ. ①爱…

Ⅱ. ①纪… ②薛…

Ⅲ. ①纪伯伦，K.（1883～1931）–书信集

Ⅳ. ①I378.65

中国版本图书馆 CIP 数据核字（2013）第 176922 号

爱，如蓝色的火焰：纪伯伦爱情书简

出 版 人	刘明清
出版统筹	董 巍
插 画	于 珊 石 玉
选题策划	韩慧强
责任编辑	郑菲菲
责任印制	尹 珺
出版发行	中央编译出版社
地 址	北京西城区车公庄大街乙 5 号鸿儒大厦 B 座（100044）
电 话	（010）52612345（总编室） （010）52612363（编辑室）
	（010）66161011（团购部） （010）52612332（网络销售）
	（010）66130345（发行部） （010）66509618（读者服务部）
网 址	www. cctphome. com
经 销	全国新华书店
印 刷	北京佳信达欣艺术印刷有限公司
开 本	787 毫米×1092 毫米 1/32
字 数	210 千字
印 张	11.25
版 次	2013 年 8 月第 1 版第 1 次印刷
定 价	48.00 元

本社常年法律顾问：北京市吴栾赵阎律师事务所律师 闫军 梁勤
凡有印装质量问题，本社负责调换，电话：010－66509618

目 录

致梅伊·齐雅黛

译序：爱，如蓝色的火焰

薛庆国

作为文学家和艺术家的纪伯伦，一生中不但创作了大量文学作品与画作，还留下了数量颇丰的书信；其中保留较完整，并具有很高文学价值的，是他致两位恋人玛丽·哈斯凯尔和梅伊·齐雅黛的爱情书信。

玛丽·哈斯凯尔(1873—1964)，美国人，是一个出身中产阶层的知识女性，曾长期任一所女子中学的校长。1904年，三十一岁的玛丽在朋友家结识了正在美国艺坛闯荡的纪伯伦。经过交往，玛丽对这位青年艺术家的才华大为赏识。在她主动资助下，纪伯伦于1908年赴巴黎学艺，并开始与玛丽通信。返美定居纽约后，他继续和住在波士顿的玛丽鸿雁来往，两人还不断互访，面晤。从玛丽的日记可知，纪伯伦返美后不久曾向她求婚，但她既不想让婚姻生活束缚他的艺术天赋，更担心可能的婚姻失败会影响两人的纯洁友谊，便以自己年长十岁为由而予婉拒。此后两人的友谊反而得到升华，而成为终身的挚友。

在与纪伯伦相识的二十多年时间里，玛丽一直在生活上慷慨相助，无数次给他寄去钱物，使他"完全摆脱了日常生活的烦恼"。于是，背井离乡而默默无闻的青年纪伯伦，得以将全部精力用于文学艺术的创作。在事业上，玛丽良好的文学鉴赏力和英语造诣，也使纪伯伦获益匪浅。他每写就一部英文作品，都要请玛丽过目。作为第一位读者和评论者，玛丽常能对作品提出有益的见解，并在语言上给予润色。在纪伯伦的眼里，善良、慷慨的玛丽不啻为他铺平成功之路的天使。在致玛丽的信中，纪伯伦屡屡流露出感激和报恩之情。他还值两部新作出版时，特意在扉页印上"致 M.E.H"（玛丽名字的缩写）的题赠。

在精神上，玛丽是纪伯伦的知音和同道。无论在通信中还是面晤时，她总能理解纪伯伦对生活、社会、艺术的灼见；而她颇有个性的见解，也常给予他启发。纪伯伦告诉她："你对我的理解，给我带来了从未体验过的最为宁静的自由。"他甚至发过这样的感慨："只有上帝、玛丽和我，知道我的内心。"因此，致玛丽的许多信件记录了作者对人生和艺术的看法，对人物与事件的评论，对创作过程与生活经历的描述。读这些信件，我们可以看到一个思想和艺术上不断追求创新的纪伯伦，他最偏爱的艺术家，是具有自由灵魂和革命精神的卡莱尔、布莱克、罗丹等人（这同样可以解释他为什么那么喜爱暴风雨和暴风雪）。我们可以看到一个挚爱祖国和家乡的纪伯伦，他多次在书信中流露出对梦系魂牵的祖国的思念，并且积极从事爱国义举。他在担任叙利亚[1]救助委员会书记时，"沉浸在比舒适更甜美的感觉里……从未这么珍惜时间，这么珍惜分分秒秒"。我们可以看到一个清醒的爱国者，一个不带有"靡丽的东方病态"的纪伯伦，他说："我是太爱我的祖国了，因而不愿等同于她的众多儿女。"他的书信中，因此也不乏对阿拉伯社会与文坛不良风气的抨击。我们还可以看到一个在创作上极其勤奋的纪伯伦，他"夜以继日地画着，写着"，常常是"一整天不吃任何东西"；正是从创作中，他得到最大的快乐。从他的书信中，我们还可了解许多作品的创作过程，隐约先睹《先知》等作品中的隽言警句，窥见他作为诗人和艺术家的本色：许多短简看似信手拈来，却也词句清丽，意象别致。

在保留至今的两人英文书信中，纪伯伦共写了三百二十五封信（本译文依据的集子，摘录了其中一百七十封），玛丽写了二百九十封。1919年纪伯伦和远在埃及的梅伊·齐雅黛恢复通信后，他和玛丽的信件往来明显减少。随着年岁增长，玛丽开始寻求生活上的归宿，后来远嫁他人，生活平静而闲适。她婚后虽再未与纪伯伦见面，但两人一直保持通信联系。1930年，健康恶化的纪伯伦在遗嘱中写道："我画室中的全部绘画、书籍、艺术品等，我故世后将遗赠玛丽·哈斯凯尔女士。"次年，纪伯伦病故。玛丽在得知噩耗的当天就赶赴纽约，她在整理死者遗物时发现：正如她珍藏着纪伯伦的所有信件一样，纪伯伦也保留着她的

1　指包括黎巴嫩在内的大叙利亚地区。

全部来信。她并未依纪伯伦女秘书的建议将这些信焚烧，而是悉数带回家中。随后她在致女秘书的信中写道："我一直相信纪伯伦的伟大，相信我们的通信及交往经历将属于历史。"

在1911年的一则日记中，玛丽记录了自己婉拒纪伯伦求婚的原因，其中有这样一段文字："对于纪伯伦，另有一份爱在等待他。这爱不同于他对我怀有的爱，这是神启之爱，并将结成他的婚姻。他最伟大的作品，将由这爱而产生；他最大的幸福，他崭新、充实的生活，也将由此而生。这一切用不了许多年就会发生。对于那场爱中的女子，我只是一个阶梯。尽管我多情的眼睛在哭泣，我却是怀着欢欣想起她的。我不想拥有纪伯伦，因为我知道：她正在某个地方为他成长，他也在为她而成长。"心有灵犀的玛丽所预言的这位女子，不久果然出现在纪伯伦的精神世界里。如果说纪伯伦与玛丽的恋情更近乎友情，两人的关系虽然密切却也不免平淡，那么他与这位女子的爱情故事，则更为奇特、凄婉。纪伯伦致她的书信均以阿拉伯文写成，得以保留的虽然只有三十多封，却具有极高的文学欣赏价值，不但在纪伯伦文学遗产中占有重要地位，而且堪称世界书简文学的瑰宝。

这位女子，便是现代阿拉伯文坛最著名的女作家之一——梅伊·齐雅黛（1886—1941）。梅伊祖籍黎巴嫩，早年曾在贝鲁特等地求学，后随父亲移居开罗。她天性聪慧，才貌双全，精通多门外语，除从事文学创作及翻译外，还定期在自己家中举办文学沙龙，为许多作家、诗人尊敬和倾慕。1911年纪伯伦的小说《被折断的翅膀》发表，梅伊读后主动致信远在美国的作者，既对小说的思想和艺术手法表示钦佩，又对其中有关婚姻、爱情的观点坦言商榷，两人从此往来书信。第一次世界大战爆发后，他们失去联系多年。1919年开始，又恢复频繁通信。

纪伯伦和梅伊感情的基础，是两人对对方思想与才华的相互钦佩与赏识。纪伯伦作品以其深刻的思想与独特的文风，震动了整个阿拉伯文坛，也自然引起梅伊好感。同时，处于本世纪前期的阿拉伯社会，虽然正在思想、文学等方面开始复兴，但基本上仍是一个封闭、保守的社会，像梅伊这样具备"神奇的天赋，广博的学识，良好的审美观"的才女实属凤毛麟角。梅伊发表的文章令纪伯伦十分惊喜，他在去信中写道："在你的文章里，我发现了许多久已盘旋在我的脑际、萦绕在我的梦中的志趣与倾向。"对于注重精神生活的纪伯伦和梅伊来说，能得到对方这样的异性知音，乃是各自人生的大幸。

更让纪伯伦欣喜的是，梅伊这样一位杰出的女性，还是他的黎巴嫩同胞。久居他乡的纪伯伦，无疑把梅伊视为他的东方祖国的象征。因此，他对梅伊的感情，还和他的爱国情、思乡情融合在一起。在这样的基础上，他对梅伊的友情迅速向爱情发展。在他们恢复通信的第一年——1919年，纪伯伦就"体验了一件事"，是"用心灵、理智和感觉体验的"。而且，他以深沉的笔调给梅伊写道："如果我的那些体验与我过去的体验有一点相似，我就不会诉说了；但这次是全新的，奇特的，突如其来的。"

这全新的爱，给纪伯伦带来了巨大的快乐。有一次他结束长途旅行回家，发现邮件中有三封梅伊的来信，他兴奋极了，当天便回信写道："梅伊，你的信是多么漂亮、多么甜美啊！它犹如一条从高处而下流淌着美酒的小河，歌唱着流进我梦幻的谷地。它又像俄耳甫斯弹奏的竖琴，将天涯变为咫尺，将左近变得悠远；又以其神奇的颤音，让顽石化为熊熊的火炬，使枯枝变成鼓荡的翅翼。如果说在一天之内，我收到你一封来信，就如同登上了山巅，那今天我一下收到你三封来信，这又让我怎么形容呢？"

如此充满了诗情画意的段落和句子，在致梅伊的信中俯拾皆是，美不胜收。受到爱情鼓舞的纪伯伦，常常在深夜用自己的生花妙笔同梅伊娓娓而谈。自他笔下流露的爱情，尽现出东方式的细腻和含蓄。挚爱而不言爱，是他致梅伊书信的特点。这些信件读来，犹如一曲曲缠绵蕴藉的歌，令人回味无穷。"噢，已是午夜了。可到现在，我还没有写出挂在我唇间的那个字眼呢，那个我时而低语、时而大声道出的字眼呢。我把这字眼交给静夜的心中。是静夜，保存着我们温婉地、热切地、虔诚地说出的一切；是静夜，梅伊，将我们的祷告带到我们希望的目的地，或将它高高地携到上帝的面前。"以这般曲尽其妙的文字，对比他对玛丽直露的、多少显得浮泛的爱的表白："现在，让我用发自肺腑的全部声音高呼——我爱你！"我们有理由相信：纪伯伦对梅伊的爱确是全新而真挚的。

在两个人的精神世界里，连使用的一些语汇，也只有他们才能明白："峡谷"是指纪伯伦工作的画室；"雾霭"指的是双方精神与情感的世界，"透明元素"则代表两人精神上达成的神奇默契；而如果产生矛盾，就应把分歧扔进"金柜"里；双方身上不那么坦诚与率真的成分，则被戏称为替各自帮倒忙的"守密者"……

然而，生活在东方，个性与思想都较为传统、矜持的梅伊，与生性羞怯又极为看重事业的纪伯伦之间，也产生了不少矛盾与误会。两个文人的自尊心，对婚姻生活的束缚怀有的共同顾虑等等，使得两人屡屡压抑自己的感情，在需要采取毅然的爱的举动时却步不前。梅伊期待的，是纪伯伦更为率直而主动的爱的表白，她对他信中某些过于精巧的文辞有所不满，讥之为"抒情歌曲"。对纪伯伦而言，他视创作为生命，重自由如饥渴，他能从反复咏唱爱情的苦乐中得到愉悦和慰藉，却并无必要的心理准备，将这爱凝结成现实生活中的男女之爱。此外，把与梅伊的恋情限制于尺素传情，恐怕也有担心伤害自己的恩人与密友玛丽的考虑。

对于梅伊的猜忌和怀疑，纪伯伦多采取主动谦让的姿态。一次次的误会后，是一次次的冰释前嫌。在纪伯伦和梅伊之间，爱总是胜利者。但是，随着时间的推移，双方都渐渐明白，两人的爱情不可能发展成男女间的婚姻关系。纪伯伦对梅伊的恋情，在后期升华成一种父女般的情感。他开始称梅伊为"小宝贝"、"小公主"、"我的女儿"，他不再闪烁其词了。她的信中，多了一份恬静与平和。然而，他又何曾忘却过那段令他铭心刻骨的精神之恋呢？就在去世前的十多天，重病缠身且手臂有疾的纪伯伦，仍然给梅伊寄去了最后一封信——一幅被人称为"蓝的火焰"的素描。还有什么语言，能更好地表达他那纯洁、炽烈而永不熄灭的爱呢？

纪伯伦的逝世，给梅伊的身心造成巨大打击。一直掩饰着这段恋情的梅伊，终于撰文公开了她和纪伯伦长期的通信经历。她对纪伯伦的去世表示了深切的哀思，并流露出无限的绝望。

在纪伯伦去世后的十年中，梅伊的精神与健康先后崩溃，过着与世隔绝的生活，一度被人送到贝鲁特的精神病院治疗，后来又在开罗哀度了生命中最后两年时光。1941 年，梅伊十分凄凉地离开了人间。然而，她在晚年的辗转流落中，仍一直将纪伯伦的来信随身携带。在她的遗物中，有一本评述阿拉伯作家的英文论著，梅伊在书中纪伯伦的画像旁写下："多年前这已注定了我的不幸！"

一位终身未娶，一位毕生未嫁，而这段生死之恋的两个主人竟然始终缘悭一面！纪伯伦与梅伊奇特的爱情故事感人至深，在阿拉伯文坛传为佳话。如果说玛丽·哈斯凯尔是纪伯伦无私的帮助者，文学艺术灵感的启发者，是他心心相应的知音，是"能在寂静的夜晚和他在花园里徜徉漫谈的朋友"，那么，梅伊·齐雅黛则是纪伯伦灵魂的知己，是他心旌为之颤栗的恋人，是联系他和遥远祖国的纽带，是这世界上惟一能够对他说这番话的人："雾霭啊，我是另一团雾霭！……来吧，让我们去遨游那些遥远艰险、不为人知的所在！"

纪伯伦致玛丽和梅伊的书信，记录了两段不同的恋情，也呈现出不同的风格。致玛丽的信明快，平直，简洁凝练，轻松自如，具有更丰富的理性成分和社会内容；致梅伊的信则含蓄，蕴藉，淋漓尽致，情深意浓，更多地揭示了个人的情感世界。翻阅致梅伊原信的手稿可以发现，这些多半在深夜写就的洋洋洒洒的信件，浑然天成，极少涂改，令人折服于这位文学大师流畅的文思和高超的语言天赋。应该说，致梅伊的书信以其真挚的感情、浓郁的诗意、婉转的笔调、精美的词句，而具有更高的文学价值。两种书信之所以风格迥异，首先在于作者内心对两次爱情体验不同；其次，致梅伊的信中，纪伯伦既要向一位高雅的才女暗示爱情，又想以自己的才华博得对方的恋慕，他便充分发挥了自己对文辞的擅长；此外还可考虑到：致玛丽的信大多书成时间较早，而当时纪伯伦对英语的驾驭，远不如母语阿拉伯语那样得心应手。

　　在纪伯伦的作品中，我们常常能见到"孤独"二字。毕竟，芸芸众生之中，有多少人能成为一位天才艺术家心灵的知音呢？然而，纪伯伦是幸运的，他在一生中至少得到过两个知音。他的心在孤独的时候，总能找到自己"幽居的禅房，可以从中觅得宁静和慰藉"。他心灵的"禅房"，正是如蓝色的火焰一般，在他心中燃烧不息的爱情。

1999 年 6 月于北京苏州街

纪伯伦爱情书简

〔黎〕纪伯伦

薛庆国 译

致玛丽·哈斯凯尔

第 1 封信

(1908 年 10 月 2 日，巴黎)

我亲爱的玛丽：

我在乡间和两位叙利亚朋友度过了很长一段休闲时光。这两人中，一位是个心胸博大的先生，另一位是个既有美丽心灵又有美丽面孔的女士。他们都热爱诗歌和诗人。他们居住的镇子，像一个巨大的花园，又被纵横的小径分割成一个个小花园。远远望去，那些红房顶的屋子，就像是散落在一块绿色天鹅绒上的珊瑚。

我正在作画，或者说我正在学习如何作画。要画出让我称心如意的作品，还尚需时日。不过，能够感觉到自己观察力的长进是件好事。有好几次，我好像一个被迫早早上床的孩子一般，放下工作去休息。你还记得吗，亲爱的玛丽，我曾告诉过你：我是通过我的听觉理解人物和事物的，首先进入我灵魂的是声音。而现在，亲爱的玛丽，我开始通过我的眼睛来理解人和物了，我的记忆似乎开始保存人物和事物的形态及颜色了。

虽然我现在身心都非常健康，我还是想说：万一我在巴黎突然死去，现在在你手头的几幅肖像画和素描，就全部属于你；我死后在巴黎的画室里留下的一切画作和习作，也都属于你。你可以自由地处理这一切。

以上的声明，亲爱的玛丽，并没有精心的措辞，但它表明了我的愿望和感情。我希望我能活得长久，能够创作一些值得献给你的东西，因为你奉献给我的太多了。我希望有朝一日我可以这么说："由于玛丽·哈斯凯尔，我成为了一个艺术家。"

快到午夜了。住我对面房间的那位有着甜美歌喉的妇人，已不在唱她忧郁的俄罗斯民歌了。静夜是深沉的。晚安，亲爱的玛丽。祝你一千次晚安！

哈利勒

第2封信

（1908年11月8日，巴黎）

在我不愉快的时候，我就阅读你的来信。当浓雾将我包围起来的时候，我就从小盒子里拿出两三封信，重新阅读起来。这些信让我想起真实的我，让我蔑视生活中一切不高尚、不美丽的东西。亲爱的玛丽，我们中所有人都需要一个休憩的地方；而我的灵魂休憩的地方，就是一片美丽的丛林，我对你的了解，就在这里生长着。

现在，我正和颜色搏斗。这是场可怕的战斗，我们中的一方必将获胜！我几乎可以听到你在说："哈利勒，画得怎么样了？"哈利勒便以这样热切的话音答道："噢，让我在颜色里洗濯我的灵魂；让我吞咽落日，啜饮彩虹吧！"

学院的教授们说道："不要把模特儿画得比她本人更美。"我的灵魂却在私语："但愿你能把模特儿画得和她本人一样美！"亲爱的玛丽，你说我该怎么做呢？是取悦教授们，还是我的灵魂呢？那些可爱的老人知识渊博，但灵魂却要亲近得多。

时间已经很晚了，我现在该上床，带着心中许多的念头入睡。晚安，亲爱的玛丽。愿上帝永远保佑你。

哈利勒

第*3*封信

（1908 年圣诞日，巴黎）

　　愿上帝祝福你，我可爱的、亲爱的玛丽。愿那赐给基督以精神的不知名者，也给你的心带去大欢乐。愿你快乐与平安地，一次次度过与这同样圣洁的日子。

　　可爱的朋友，我今天对你的思念，和我对任何别人的思念都不相同。当我想起你来，生活变得更加美好、更加高尚和美丽了。吻你的手，亲爱的玛丽。在吻你的手时，我也祝福我自己。

哈利勒

第4封信

（1909 年 6 月 23 日，巴黎）

亲爱的玛丽：

　　我失去了我的父亲。他在六十五年前他出生的那间老屋子里去世了。他最后的两封信，我每次读来都要痛哭。他的朋友们来信说，他在临终前还为我祝福。亲爱的玛丽，我现在明白，他是歇息在上帝的胸口。但我还是禁不住要感到悲伤和痛憾，我禁不住要感到死神沉重的手掌就在我的额上，我禁不住要忆起往昔的岁月：那时候，他和我母亲、我兄弟、我妹妹一起，在阳光下欢笑；而现在，这一切只留下朦胧、忧伤的影子了。他们眼下在何处呢？[1] 他们是在一个无名之地吗？他们是在一起吗？他们会像我们一样记得往事吗？他们离我们的这个世界是近还是远呢？我知道，亲爱的玛丽，知道他们还在生活，他们过着一种比我们的生活更真切、更美好的生活，他们比我们更接近上帝。

　　那裹了七层的面纱已不再遮掩他们注视"真实"的目光。他们已不再和灵魂玩捉迷藏的游戏。亲爱的玛丽，我感悟到了这一

1　1901 至 1902 年间，纪伯伦的小妹、哥哥、母亲相继去世。

切，但我还是禁不住感到悲伤和痛憾。

你，你是我亲密又甜美的慰藉，你此刻正在夏威夷，在那倍受太阳钟爱的群岛。你在这个行星的另一端，你们的夜晚正是巴黎的白昼，你们处在另一个时节。然而，你离我又是这么近，在我孤独时你和我同行，在夜晚你隔着桌子坐在我的对面，在我工作时你和我叙谈。有好几次，我还似乎觉得你并不是生活在这个地球上。

我正在留心观察罗丹、卡莱尔、亨利·马丹、西蒙、梅纳尔等现代艺术家的作品。他们每一个人都要表达些什么，又都以不同的方式表达了出来。卡莱尔的作品是最贴近我心灵的。他的人物，无论是坐着还是站着，都犹如笼着一层薄雾，向我诉说着别人作品中的人物说不出的话语，只有达·芬奇的作品才是例外。卡莱尔比别的画家更懂得脸部和手臂的涵意，他熟谙人体的纵深、宽、高的奥妙。他的一生也和他的作品同样美丽。他经受了很多苦难，但他领悟了痛苦的真谛，他知道泪水能使一切变得更加晶莹。

对着夏威夷的河谷和山峰念起我吧。

亲爱的玛丽，我要吻你的手。现在，我闭起双眼就可以看到你了，亲爱的朋友。

　　　　　　　　　　　　　　　　　　　　　哈利勒

第5封信

（1910 年 10 月 31 日，纽约）

　　我现在已到了纽约，亲爱的玛丽。我的心中充满了思念，我几乎是个幸福的人了。

　　明晚我就要到波士顿了。给我写上只言片语，寄到奥利弗大街 15 号。我一定要在见到别人之前先见到你。

　　哦，你现在离我是多么近啊！

哈利勒

第*6*封信

（1911 年 1 月，波士顿）

是的，亲爱的玛丽，我要在星期六晚上去听交响乐，去听埃尔曼的演奏。这些日子里我对音乐有种奇特的渴望。听完音乐之后，再到你身边坐上片刻，这真是再好不过了。

玛丽，亲爱的玛丽，在寂静的夜晚，当你独处的时候，请对我吐出你的气息，吐出源自你心中的一丝气息，我会因此而工作得更好。

晚安

哈利勒

第7封信

(1911 年 5 月 1 日，纽约)

我在这庞大都市的街道上奔跑着，高楼的影子跟随在我的身后。整个白天，我都在用一千只眼睛注视，用一千只耳朵聆听；而当我深夜回到住处，我又发现了更多值得注视、值得聆听的事物。纽约不是寻找休闲者的胜地，可我难道是为休闲而来这里的吗？我很高兴我能够奔跑。昨天下午我是在博物馆度过的，我为其中有那么多奇妙的藏品而惊异。虽然这博物馆建成仅有五十年，但它肯定是全世界最伟大的博物馆之一。美国比人们想像的还要伟大得多，她的生命力是强劲、健壮而充沛的。想想看，玛丽，在五十年之前，美国的任何一家博物馆里都找不到一件珍品；而现在，珍贵的艺术品即使在私家住宅里也屡见不鲜了。财富之外，还有别的东西，把这些美丽、高贵的杰作从旧世界带到了这里，这就是并不富足的人对公共财富的渴求之欲。

我很高兴你正在阅读《查拉图斯特拉》[1]，我很想和你一起用

---

1 指尼采的《查拉图斯特拉如是说》。

英语阅读。在我看来，尼采是个清醒的狄俄尼索斯[1]———一个生活在丛林和田野里的超人，一个热爱音乐、舞蹈和一切形式娱乐的强有力的生灵。

　　我一定要用生发油吗，亲爱的玛丽？我在脑袋上花的功夫还不够吗？连我的头发有时也和我过意不去！不过我一到波士顿就会涂抹的，我每天都会用它，就像迦勒底的祭司每天早晨都往头上浇圣油一般。

　　玛丽，你为什么还要寄钱来呢？我的钱足够了。我来之前，你已经给了我够多的钱了。愿上天祝福你慷慨的双手。晚安，亲爱的玛丽，真希望你现在就在这里。

哈利勒

1　狄俄尼索斯，希腊、罗马神话里的自然神，尤其作为酒与狂欢之神而著称。

第*8*封信

（1911 年 5 月 2 日，纽约）

　　对于那使叙利亚变成土耳其一个行省的残酷的命运，我已经诅咒了七次。苏丹[1]们的势力已经越过七大洋，追逐着新大陆上可怜的叙利亚人。这些披着人皮的枭鹰的阴影，即使在纽约也能见到。土耳其大使利沙帕夏正在这里。这是个心智驽钝的蠢人，但他知道如何让叙利亚人彼此憎恨。今天晚上我要和这位阁下一起赴宴，地点是穆卡泽尔先生——一家叙利亚日报主编的家中。我不知会发生什么事情，也不知我会说些什么。我希望我能做些不同寻常的事情，我亲密的朋友。

1　苏丹，对土耳其君主的称呼。

第*9*封信

（1911 年 5 月 3 日，纽约）

　　昨晚穆卡泽尔家的晚宴非常出色。来宾中既有美国人也有叙利亚人，那位大使一直试图表现得温文尔雅，我们谈起了艺术，他甚至还邀请我去华盛顿拜访他。这就是土耳其人缓解矛盾的方式！在穆卡泽尔先生的力邀下，我作了简短的发言，但我的话好比掩埋在灰烬下的火焰。可怜的叙利亚，她的儿子们只不过是些诗人！尽管我们像天使一样在她耳边吟唱，但她是听不到的。可怜的叙利亚！

爱你的　哈利勒

第 *10* 封信

（1911 年 5 月 5 日，纽约）

亲爱的玛丽，今天上午九点我在市中心和一位叙利亚编辑讨论一些计划。两点半的时候我到了阿瑟·法威尔先生的工作室。我为法威尔先生作的画是我最出色的作品之一。他说这幅画表达了他内在的全部气质，并说一定要为这幅画留一张照片。然后，法威尔先生和我一起去看了一些纽约艺术家办的画展，他把我介绍给画商麦克白瑟先生。七点的时候，我回到这里，准备和雷哈尼及他的几位朋友共进一顿丰盛的晚餐。现在已近午夜，你的哈利勒已是筋疲力尽。真希望能把头靠在你肩上休息十分钟，真希望你把手放在我发烫的脸上。

第11封信

（1911 年 5 月 7 日，纽约）

　　我刚刚从博物馆出来。啊，我是多么希望能和你一起欣赏那些美妙的展品！有朝一日我们一定要一起欣赏。当我独自一人站在一件杰出的艺术品面前时，我会感到非常孤单。即使是在天堂，人也需要一个亲爱的伴侣陪伴他尽享天堂之乐。

　　晚安，亲爱的。吻你的手，吻你的眼睛。

哈利勒

第*12*封信

（1911 年 5 月 10 日，纽约）

在纽约的大街上，每两个人里就有一个是犹太人；中午，在出门用午餐的人群里，你见到的几乎都是犹太人。今天，我见到两千个犹太人在第五大道游行，这场面不禁令人浮想联翩。它使历史学家想起犹太人沦为巴比伦人囚徒的历史，想起他们在西班牙的苦难日子；它又让诗人深深地思索起他们在埃及的过去，以及他们在这块土地上的未来。也许，有朝一日，住在纽约东区[1]的犹太人会向着第五大道进发，犹如巴黎人向着凡尔赛宫进发一样。犹太人在纽约就是国王，第五大道便是他的王宫。历史总是要一而再地重演，但对于犹太人来说，有一点却是不变的：世界始于犹太人的降生，他赢得世界，又失去世界，然后又赢得世界！是的，玛丽，在这个我们有时倾慕，但却不会喜爱的奇特的民族身上，确有着某种恒久的东西。

噢，你的那些来信，那些有趣的来信真让我高兴。每一封信对我饥渴的灵魂都是一顿美餐。

1　纽约犹太人的聚居区。

　　我想带给你一些美丽的东西，亲爱的玛丽。我想让你看一幅新画，像前两次那样。你还记得吗？你看画的时候，我的心胸变得更宽阔了，我对生活的见解也不那么模糊了。你不记得了吗？现在，我要捧着"查拉图斯特拉"上床去了。我们，你和哈利勒，将一起阅读。

第*13*封信

（1911 年 5 月 12 日早晨，纽约）

　　阿瑟·法威尔先生带着两个女士来看我。其中一位对法威尔先生说："阿瑟，一定要让你母亲看看你的这幅肖像画，她会见到一个真实的儿子，见到一个将要成就伟大事业的男人。"这番话带给我很大的快乐，最亲爱的玛丽。

　　我在布鲁克林陪我一位患病的朋友呆了一小时。我为他朗诵了诗，是对着他那张憔悴而敏感的脸朗诵的。我告辞的时候，他轻轻地拉着我的手说："纪伯伦，去叙利亚吧，回到你的老母身边，她是那么爱你！去叙利亚吧，纪伯伦。"

　　我离开的时候，眼里流着别人看不见的泪水。他自己在思念叙利亚了，他担心会死去。

　　　　　　　　　　　　　　　　　　　　哈利勒

第*14*封信

（1911 年 5 月 16 日，纽约）

在雷哈尼居住的老房子里，我占用了一间，一间小屋。在一个人独住一套公寓之后住这样的小屋，我觉得有点可笑。但一切都很不错，我在雷哈尼的大房间里作画。当我来到一个陌生的大都市时，我喜欢在不同的房间睡觉，在不同的地方吃饭，在不熟悉的街道漫步，并打量路上陌生的行人。我喜欢做一个孤独的旅行者。

今天下午买了一块大画布，明天就要开始工作了。你愿意过来在我工作的时候坐我身边吗？亲爱的玛丽，每天下午都过来吧，来帮我吧。

第*15*封信

（1911 年 5 月 19 日，纽约）

　　我要在这里向依附于土耳其新统治者的叙利亚人鼓吹"自立"。我要让这些可怜的人们懂得，一个美丽的谎言和一个丑恶的谎言同样有害。显赫的苏丹的王座不过建立在潮湿的沙土上。我们有无垠的天空可以凝视，为什么要拜倒在一个失去光泽的偶像面前呢？

第*16*封信

（1911 年 5 月 30 日，纽约）

猜猜看，今天下午我做了什么？我为一位你非常非常崇敬的人物——查尔斯·拉塞尔[1]先生画了像。为他那张可爱的脸作画，同他漫谈艺术，并讨论近东永久性的问题，我感到莫大的快乐。拉塞尔先生对绘画有着艺术家的高见，他对美妙的诗句也有审美的眼光，他知道事物中何处可以找到诗意。

亲爱的玛丽，你为什么还要给我寄钱？我不需要钱。你已经给我太多太多了！祝福你慷慨的手，祝福你经常慷慨赐予的无形的手。晚安，可亲可爱的玛丽。

哈利勒

---

1 查尔斯·拉塞尔，美国政治活动家，曾被提名担任纽约市长。

第 *17* 封信

（1911 年 6 月 28 日，纽约）

过去的三天我一直没有走出这间屋子。流行性感冒作了我的客人，我呆在家里陪伴它。夏天得的感冒和冬天的感冒一样给人添乱。我对两个季节的感冒都太熟悉了，我们通常是相处得挺好的。对感冒我惟一不喜欢的是嘴里的那种苦味，它让我觉得把一个土耳其人吞下了一半似的！

今年的 6 月是多么糟糕！天气灰暗、阴冷又沉闷，连空气也那么死气沉沉，我觉得好像关在牢笼里一般。嘴里的苦味更让我思念清新的空气和明媚的阳光了。

玛丽，亲爱的，现在我要休息去了。我要闭上眼睛，把脸对着墙壁，想你，想你，想你。你是山峰的攀登者，你是生活的狩猎者。

晚安，亲爱的。

哈利勒

第*18*封信

（1911 年 9 月 14 日，波士顿）

　　你同意让我明天晚上来看你吗，亲爱的玛丽？在过去的几周里，我一直在默默地等待你回来，好在去纽约之前看到你。

　　我的夏天过得挺充实，太充实了。我重写了《被折断的翅膀》[1]一书，让它经历了火的洗礼，变成了一件新作品。假如当初出版商照原先的样子出版它，我会非常难过的！我还画了几幅画，为另外几幅画作了修饰，还写了几首诗。我有一千桩事情要告诉你，有一千个计划要在接下来的这个冬天完成。玛丽，我开始爱上生活了！有那么多的事情要做，那么多的问题要解决，那么多的梦想要去梦想。可是你能让我明天来见你吗，如果你不太累的话？我整个白天都会等在这里，等候电话里传来你的声音。

　　　　　　　　　　　　　　　　　　　　　　哈利勒

1　纪伯伦用阿拉伯文创作的一部中篇小说，发表于 1911 年，曾在阿拉伯文坛引起震动。

第*19*封信

（1911 年 9 月 19 日，纽约）

　　我在船上度过了一个奇妙的不眠之夜。卧铺的舱位已订完了，而硬席舱里弥漫着酒气，所以我在甲板上度过了夜晚。伴随我的有群星，有草叶似的月亮，后来又有壮观的日出。这样的夜晚，将在我的记忆里长存。被神奇的静穆笼罩着的大海的音乐，那无数闪耀的、静静游弋在无垠太空里的星球，都让我生发出千百万个超逸的念头。

　　　　　　　　　　　　　　　　　　哈利勒

第 *20* 封信

(1911 年 9 月 22 日，纽约)

　　我租到了一间不起眼的小屋子作工作间，亲爱的玛丽。它位于西 10 条大街 51 号。这小小的工作间有对流的空气，还有一个小阳台。照明不错，不比我在巴黎的房间逊色——但不是日光。房租只有二十美元，想想看，够便宜的吧！

　　我知道你想要我租一间更好、更大的房间，但这间小屋子现在对我是足够了。到了一定时间，那善良、伟大的精神会引导我去合适的地方的。

　　这座城市伟大而富有力量，这里的各种元素像神灵的创造力一样涌动，我希望两个星期内能在此开始工作。我正在寻访三个月前我们一起参观过的地方。只有一双眼睛看事物的时候，事物显得如此不同。但你还会来的，我们还会像从前一样用两双眼睛一起观察。

　　愿上帝与你同在，我亲爱的。

哈利勒

第 *21* 封信

（1911 年 10 月 20 日，纽约）

亲爱的玛丽：

　　所有艺术家都认为苛刻而无情的评论家是绝对错误的。姬丝小姐[1]并没犯错误，她不过是个守旧者，她成了旧式的、人们惯用的表达方式的奴隶，而成为奴隶是不幸的。她和我属于两个不同的世界，我们从两个不同的角度看待艺术和生活。

　　技巧是这么一种力量，它只有通过风格才能表现自身。我的风格是刚满一个月的新生儿，它随《凝望者》[2]一起降生。我正在培育我的风格，如同母亲培育她的婴儿一样。我试图让它成为一种手段，一种语言，以便能完全地表现我自己。大多数人在不喜欢一件艺术品的风格时，往往倾向于说作者技巧差；其实，是否喜欢一种风格是由气质决定的。

　　我很清楚我的作品有什么毛病，我正在努力纠正它。然而姬

1　姬丝小姐是玛丽办的学校里的美术教师，曾鼓励玛丽在学校里悬挂纪伯伦的作品，玛丽也曾请她就纪伯伦的作品发表意见。

2　纪伯伦的一幅画作。

丝小姐并不清楚，她认为这是技巧问题。即使我的技巧完美无缺了，姬丝小姐也不会喜欢我的作品。她的身体是过于衰老了，她的精神又是过于稚嫩了，因而无法接受新形式和新思想。她对现代色彩的见解，可以这么说，是幼稚而荒谬的。

她到底不是个画家。如果现代绘画的色彩中舍弃了红褐色、暗褐色、淡棕色，那么卡莱尔、惠斯勒、西蒙、波拿、梅纳尔、布朗歇、贝奇、萨金特等人就不是现代艺术家了，也就没有现代法国、现代意大利、现代英国和现代美国的现代绘画了！她还说我用光很好，但绘影却糟糕。这种说法也不符逻辑，谁能够用好光而同时又不擅长绘影呢？一幅画中好的用光，其实是好的绘影造成的光影。或许，她想说的是这些头像构图不合理，画得不好，形态上有缺陷。

不过，姬丝小姐还谈到，《凝望者》和《逝去的神灵》都预示着另一幅新作的开始。这是对我莫大的奖赏。我希望我画的作品，永远能够让人们在画框之外看到更多的东西，我愿意我的每幅作品都是另一幅未成形作品的开始。

这些日子安排得满满当当。我正在修改《被折断的翅膀》的校样，还试着布置我小小的画室，好让它变得温暖一些，赏心悦目一些，以适于接待来客。与此同时，我还试图说服叙利亚的穆斯林理解：意大利和土耳其之间的这场战争，并不是穆斯林和基督徒的战争。然而，在将要来临的冬季里我要少写多画；在春天到来前，我要拿出一套组画来。

　　天色已变得越来越暗，我几乎看不清我写的是什么了。

哈利勒

第*22*封信

（1911 年 10 月 31 日，纽约）

　　玛丽，亲爱的玛丽：我去了市中心，和我的同乡们呆了一整天。我们努力地工作，更努力地思考。现在时间已经很晚，我也累极了，但我非要向你道了晚安后才能上床入睡。今天和昨天，你离我是那么近，非常之近。你最近的来信是一团火焰，是一个长着翅膀的球体，是来自奇妙的音乐之岛的一朵浪花。

　　亲爱的玛丽，这些日子是充满幻想、声音和光影的日子；我的心中燃烧着火焰，我的双手也燃烧着火焰，无论在哪里我都能见到神奇的事情。

　　你难道没体验过燃烧再燃烧的感觉吗？没体验过在燃烧时自己正从周围的一切中得到解放的感觉吗？噢，再没有比火焰带来的欢乐更大的欢乐了！

　　现在，让我用发自肺腑的全部声音高呼——我爱你！

哈利勒

第*23*封信

（1911 年 11 月 10 日，纽约）

有一首阿拉伯语老歌是这样开头的："只有真主[1]和我知道我的内心。"今天，在重读了你最近的三封来信后，我要大声高呼："只有上帝、玛丽和我知道我的内心。"我愿敞开我的心扉，把我的心托在手上，让别人了解它。因为再没有哪种渴望，比渴望被人揭示更为深刻了。我们都愿意我心中的一丝火花被人洞察取走。那第一位诗人，当洞穴中的居民嘲笑他癫狂的言词时，一定曾痛苦万分；他一定愿意献出他的弓箭和狮子皮，献出他拥有的一切，只为让他的伙伴们领略夕阳带给他灵魂的愉悦和激情。然而，不正是这神秘的痛苦，这不被理解的痛苦，孕育了艺术和艺术家吗？"为艺术而艺术"的口号果然崇高，然而，让盲人睁开双眼，分享你白昼和夜晚的无声的欢乐，难道不是更崇高吗？真正的艺术应该是富有实效的，即把自身的美揭示给人们。我说富有实效，因为能够丰富我们幻想世界的一切，都是富有实效的。

1　原文为"GOD"。照伊斯兰教习惯译为真主。

画室确实非常漂亮，我在这里比别的任何地方都更加自在。

当然，我已经开始工作了。我画了一幅小型画，比《两个十字架》稍大，用来作书中的插图。

我们这些追求真纯的人们，我们的寂寞已化成了花园，在我们的生活中，除了饥与渴的欢乐外，还剩下些什么呢？我们通过对现实主义的爱，难道不是已超越了现实吗？我们还能转过脸去打量死者灰色的面孔吗？我们中谁有两颗灵魂，以致能把一颗送上高山，把另一颗送往山谷呢？

哈利勒

第24封信

（1911 年 11 月 26 日，纽约）

　　哦，玛丽，亲爱的玛丽：你若过来，那我就要过一个真正的感恩节[1]了。夏洛蒂曾经告诉我你会来的，但我没有敢问你，因为怕你说"不"。星期四犹如我们真正盼望的一切事情一样，将要来临。星期四已不再是未来的一部分，而是加冕于我们"现时"的桂冠。

　　这些日子我在做的事情是：整理我的"屋舍"，清理我的思想。我正在摆脱一切旧的精神和影子。要理解这世界，就必须远离尘世。生活，是一切艺术中最伟大的艺术。要成为艺术家，就要能够发现真实的生活。真实的生活就是上帝，而上帝无处不在。我一直在爱着你，玛丽！我现在感觉到星期三和星期五对我意味着什么。一个人要看到伟大事物的全貌，就必须与之隔开一点距离。

　　噢，我有千万件事情要向你诉说。好在星期四就要到了，我现在就已感到节日的欢乐了。

　　　　　　　　　　　　　　　　　　　　哈利勒

1　感恩节，美国的全国节日，为每年 11 月的最后一个星期四。

第25封信

（1912年1月6日，星期六，纽约）

比起今天来，星期二倒更像是在过生日。[1] 那可数的几个时辰，从本质上来说可算是一扇门户，引向对快乐、对痛苦的一种新感觉，引向对生活的一种新认识。从那个夜晚起，我好几次想提笔给你写信，但每次我都感到被一种奇异的静谧笼罩着全身心，这是深邃的大海和未被发现的僻壤的静谧，这是不知名的神灵的静谧。即使是在我握笔写信的现在，我仍感到生活中最可畏的成分，便是那静穆的成分。暴风雨来临前的时刻，大欢乐或大伤悲降临后的日子，是一样的静穆和深沉，一样有张开的翅膀和凝固的火焰。

K.[2]

1　1月6日是纪伯伦的生日。

2　K. 是哈利勒 (Kahlil) 的缩写。

第26封信

（1912 年 1 月 7 日下午，纽约）

雷哈尼和我一起进了午餐。他和夏洛蒂终于发生了不可避免的误会。他俩现在都用不同的眼光看待对方。雷哈尼说他再不见夏洛蒂了，但我想他还会见的！夏洛蒂说她的屋子永远对雷哈尼敞开着，我想她的话是算数的。冥冥中有一个声音在说："这两人都是不寻常的人物，他们应该成为朋友。"我也认为他们应该如此。

现在，我要像往常一样对你说"晚安"了。我要吻你，对你道晚安，然后我要打开门，我要带着一颗充实的心和饥饿的灵魂走上大街。但我永远还会再来吻你，对你道晚安，然后开门，带着一颗饥饿的灵魂和充实的心走上大街。

哈利勒

第27封信

(1912 年 1 月 21 日，纽约)

　　静谧的时光依然没有过去，我依然在这小小的画室里，凝视着在地狱和天堂之间穿行的幻影。我从未像现在这样生活过。白昼充满了燃烧的念头，夜晚沉浸在奇异梦幻的海洋中。在白昼之末和夜晚之始之间的时刻，则裹上了七层的纱罩。

　　生活中有太多痛苦的欢乐，也有太多甜蜜的痛苦。你的哈利勒必须深深地沉浸在欢乐与痛苦之中，这样他才能知道如何绘画和写作。

第28封信

（1912 年 1 月 26 日，纽约）

亲爱的玛丽：

《被折断的翅膀》终于出版了。现寄给你一本样书，是阿拉伯文本，你现在还无法阅读，或许有一天你能读到其他文字的译本。或许你会喜欢它，当它是吉祥的 1911 年的忠实表现。

玛丽，你问我正在做什么吗？噢，我是在工作，工作，默默地独自工作。

这些天我没有和任何人多见面。我感到和别人在一起有点可笑，即使是我喜欢的人们。当一个人的心声正呈现为一个小小的世界时，他愿意孤身独处。

K.

第29封信

（1912年2月1日晚上，纽约）

整个下午，我都用我炽热的双手工作着。

画变得漂亮起来，我可以说是快乐的。

我的模特像金子一样出色，可惜她不会再来了，她谋了个秘书的工作，不做模特了。

关于"死亡"后的"生命"，我有很多要说的，但不是现在。可是我感到，也许我永远会这么感觉：我之中的"我"是不会逝去的，不会沉没在我们称为"上帝"的大海洋中。

玛丽，你有没有过饥肠辘辘而家里没有任何食物的经历？这正是你的哈利勒现在的状况！我一整天没有吃任何东西，现在饿极了！但我喜欢这样。你不喜欢在完成了一整天出色的工作后那种又饿又累的感受吗？

我告诉你，玛丽，就像我在内心自语一样：你和我的命运是密不可分的……对自己的命运作隐瞒，那能算什么呢？

哈利勒

第*30*封信

（1912 年 2 月 7 日，纽约）

今天，我的心里布满了奇特的、沉静的、清澈的幻影。昨晚我在梦中见到了耶稣。还是那张温煦的脸庞，大而黑的眼睛里平静地闪耀着光芒；还有沾满尘土的双脚，简朴的灰棕色的外衣，弯曲的长手杖。他的精神也依然如旧：一个别无他好，惟以平静而温柔的目光注视生活的人的精神。

哦，玛丽，玛丽：我为什么不能每个夜晚都梦见他呢？我为什么不能以他一半的沉静去看待生活呢？我为什么在这世界上找不到任何人像他这么质朴、这么温馨、这么和蔼呢？

第*31*封信

（1912 年 2 月 8 日，纽约）

在米开朗基罗的这些短诗里，有某种东西让我受到了前所未有的感染。将这个人同他的作品分开简直是不可能的。米开朗基罗灵魂里最伟大的成分，便是他的静默和沉寂。他是带着心中无声的力量走进坟墓的，这种力量他自己也未必理解，这或许是他总怀有不可言喻的悲哀的原因。

K.

第*32*封信

（1912年2月9日，纽约）

这个国家的所有阿拉伯文报纸都在评论《被折断的翅膀》。《侨民报》刊登了一整版的评论，把我的书和别人的作品相提并论，而我倘若提起那些人的大名，我的嘴唇就会发烫。这本书还没有到达阿拉伯世界，可是再过一个月左右时间，那里的人们就会向我泼来冰水或热水了！但我只为扉页上的那三个英文字母[1]而自豪。

我正在作一幅新画，在色彩和情感上都有新意。它比《凝望者》大一倍，比起其他作品也更别具风格。

现在，你的哈利勒要出门进今天的第一餐了。跟我来吧，玛丽，和我坐在一起。

哈利勒

1　在《被折断的翅膀》的扉页上，纪伯伦将该书题赠给玛丽，用的是她名字的英文缩写：M.E.H.。

第33封信

（1912 年 2 月 16 日，纽约）

　　没什么，不过是我的老朋友感冒而已。我们俩彼此颇有默契，每个冬天总要会面二三次，我们像所有的老朋友那样互相取乐，然后我们笑呵呵地分手！

　　疾病对我来说多少意味着休息一下。它让我感觉像个孩子，别无他念，只想要一张用以睡觉的柔软的床，只想要供我凝视的明亮的光。

哈利勒

第*34*封信

（1912 年 2 月 18 日，纽约）

你永远不要担心，最亲爱的玛丽，这样我才会高兴。我爱的人担心受怕，要远比感冒更让我痛苦。我只要没有做完我的工作，是不会离开这个美得惊人的世界的。而要做完我的工作还早着呢！

虽然有点虚弱，昨天下午我干得还不错。今天我感觉好多了，我的手和额头的热度，比昨夜消退了一半还多。如果今天晚上能睡个好觉，明天我就会干起来，还唱起来呢！等你来纽约时，你的哈利勒会健壮得让你认不出来！

哈利勒

第*35*封信

（1912 年 2 月 20 日，星期二，纽约）

　　玛丽，请原谅我没有在上一封信中回答所有问题。

　　是的，我当然会带上《三个女子》，若是灵有所动，我说不定会在哪一天完成它的。《米什琳[1]的头像》不是很好，在我要展出的头像里没有它的一席之地。那些旧的肖像和粉画，是表达蹩脚的渺小思想；我们可以把它们当做过去的影子而存留，在举办展览时则不必考虑。

　　我希望今天就是星期四，我希望你现在就在这里。我还有别的许多希望，但要等你来了才告诉你。

　　但愿现在至星期四之间的时光快快地过去，到了星期四，我们又会请求时光慢慢地挪动脚步。

哈利勒

1　米什琳，玛丽办的女子寄宿学校的法语教师。

第*36*封信

(1912 年 2 月 27 日，纽约)

我无法考虑任何别的东西，除了你赋予我的这个新的精神。
我不知道如何思考，思考什么。或许我不该思考，而只应把自己
交付给那为我们众人思虑的更伟大的"思想"。

愿那无形之神佑助我们。

哈利勒

第*37*封信

（1912 年 2 月 29 日，星期四，纽约）

从星期天起，我就在作这幅画了。人物的下半部分已经完成，我非常喜欢。住在这栋楼里的两位画家哈丁和佩里，认为这是我画的最好的人像，但我通常不相信画家的意见。

玛丽，我感觉身体大不如平时，感冒还在纠缠着我。拖着病体以实现自己的愿望，我已感到疲惫，而且还得不到休息。我羡慕那些能够放松自己的人。可我就是松弛不下来。我的大脑像条河流，总是在流淌着、探求着、低吟着。我自生来心里就插着一支箭，将它拔出来是痛苦的，留在那里也是痛苦的。

我在信里总是向你谈论自己。告诉我，玛丽，你对"我这样"、"我那样"、"我这样那样"不感到厌烦吗？你知道，玛丽，我是生活在自己的天地里的，就像一只河蚌。我正是把自己的心结成珍珠的河蚌。但人们说珍珠不过是河蚌所患的病症。

哈利勒

第 *38* 封信

（1912 年 3 月 10 日，纽约）

　　玛丽，最亲爱的玛丽，以安拉[1]的名义——你怎么会问起我：我们的会面是否给我带来更多的痛苦而不是快乐呢？到底是天地间的什么让你产生了这样的念头？

　　什么是痛苦？什么是快乐？（你能将两者区分开吗？）那驱动你我的力，恰是由痛苦与快乐一起合成的；那真正美丽的事物，带来的无非是愉悦的痛苦和痛苦的欢乐。

　　玛丽，你给了我那么多痛苦的欢乐，你也给了我那么多的痛苦，正因为这，我才爱你。

　　　　　　　　　　　　　　　　　　　　　哈利勒

1　Allah，阿拉伯语中"真主"一词的音译。纪伯伦信仰基督教，但在英文写作时也常用"Allah"一词。译文中将"God"译作"上帝"，"Allah"译为"安拉"。

第*39*封信

（1912 年 4 月 19 日，纽约）

今天凌晨 3 点 30 分我才上床睡觉。空气里充满了可怕的海上灾难[1]带来的悲伤气氛，令我无法早入睡。6 点 30 分我就起床了。冷水和浓咖啡让我睁开了眼睛。

7 点 30 分，我和阿卜杜勒·巴哈[2]在一起。8 点整我们开始工作。后来，人们（大部分是妇女）开始进来，他们都静静地坐着，瞪大眼睛看着我们。9 点，我画完了，尊贵的阿卜杜勒·巴哈微笑起来。然后那间大屋子里的二三十人都过来握我的双手，似乎我给他们每人都做了什么似的。他们开始议论起来：

"真是奇迹啊！"

"你是受了神的启示的！"

"你看见了大师的灵魂。"

1　指 1912 年 4 月 15 日发生的泰坦尼克号客轮沉船事件，共约 1300 人在这次灾难中丧身。

2　阿卜杜勒·巴哈 (1844—1921)，巴哈伊教早期领袖，曾周游欧美各国宣传教义。

......

接着阿卜杜勒·巴哈用阿拉伯语对我说道："那些带着精神工作的人们会干得很好。你身上有股来自安拉的力量。"然后他又引用穆罕默德的话说："先知和诗人是以安拉的灵光来观察的。"他又微笑，在他的笑容里，蕴含着叙利亚的、阿拉伯半岛和波斯的神秘气息。

阿卜杜勒·巴哈的追随者都喜欢那张画，因为它酷似他们的大师。我也喜欢它，因为它真实地表现了更好的"我"！它可和罗丹的画作媲美——或许在某些方面还胜过罗丹！

我的眼帘沉沉的，我要到那边的角落让脑袋休息一下。三个小时的睡眠还不够儿童一半的睡眠时间呢。

哈利勒

第40封信

（1912年5月6日，纽约）

最近两次来自东方的邮件，带来了一大堆关于《被折断的翅膀》的评论。我阅读了其中的部分，发现了许多让我吃惊的东西！他们都以不带个人色彩的方式讨论这本小书，我对此颇为欣赏。他们似乎也都同意这是"一本出色的艺术作品"，是"现代文学中最非凡的佳作之一"，"或许是用现代阿拉伯语创作的最优美的作品"，是"一部最微妙的质朴的悲剧，作者一定亲身体验了一千次"。但是他们最大的分歧是针对其中的"精神"，或者说是哲学思想。萨勒玛·凯拉迈[1]，可以算得上半个贝雅特里齐[2]和半个弗兰契斯卡[3]，人们对她作了完全不同的分析和评论：激进者倾

1　萨勒玛·凯拉迈，《被折断的翅膀》中的女主人公，作品中她是东方女子不幸的典型。

2　贝雅特里齐，但丁为之奉献大部分诗歌的妇女，在《神曲》中，她是引但丁游历天国的向导。

3　弗兰契斯卡，13世纪欧洲一公国公主，与跛子马拉泰斯塔结婚，后与其弟保罗私通，两人均被马拉泰斯塔杀死。但丁在《神曲》中描写了弗兰契斯卡与保罗这对情侣的遭遇。

向于同情，保守者则持严厉的态度。在第9章里，我试图把耶稣和阿什塔特[1]放在一起，有一些人认为它"具有不同凡响的美"，另一些人却认为它"是绝对不道德的，亵渎神灵的"。塔瓦·艾凡提，这位年轻而热情的作家发表了一篇题为《论现代文学》的长文，认为歌德和巴尔扎克是两座高峰，他在文章的结尾写道：《被折断的翅膀》是阿拉伯诗歌一个新纪元的开始。

两个吻献给你的手，两个吻献给你的眼睛。

哈利勒

1　阿什塔特，古代腓尼基人崇拜的爱情女神。

第*41*封信

（1912 年 5 月 7 日，纽约）

　　你读了我昨天的信后没有发笑吗？你是否对自己说："哈利勒还是个孩子，对于圣诞老人放在长袜里的东西，[1]他这么津津乐道。"你是不是这么说了，玛丽？

　　玛丽，这个夏天，在你西行之前，你可以让我和你一起呆几天吗？

　　愿安拉蓝色的翅膀拥抱你，最亲爱的玛丽。

哈利勒

1　西方圣诞节时，有长者扮圣诞老人将礼物放到长袜里送给孩子的习俗。

第*42*封信

（1912 年 5 月 16 日，纽约）

阿卜杜勒·巴哈几天前回到了纽约。星期一下午，"纽约和平组织妇女委员会"在阿斯托饭店为他举行了隆重的招待会。有很多人作了讲演，"和平"是他们惟一的主题。

和平！和平！国际和平！世界和平！这一切都令人厌倦，毫无意义，无聊而乏味！和平是老时代的愿望，而这世界还太年轻，不配有这样的愿望。我要说：让战争打起来吧！让地球上的孩子们互相厮杀，直到最后一滴不洁的、禽兽的血液流尽！既然人类的制度里还有那么多早晚要除去的不安因素，人们为什么要起劲地大谈和平呢？东方民族不正是染上"和平"的病疫而导致没落吗？因为我们不懂得生命，我们才畏惧死亡，对死亡的畏惧使我们害怕战斗与战争。而那些生活着的人们，那些懂得什么是"生存"的人们，那些理解"从死亡中获新生"的人们，是不去鼓吹和平的，他们只为"生命"而呐喊。

玛丽，我惟一的愿望就是"生存"，无论是如何、或在何处、何时。在"生存"的艺术里没有"和平"。

　　噢，玛丽，我现在多想吻你的双手和眼睛！我现在多想和你在一起，在你的心中，环绕你的四周！

哈利勒

第*43*封信

（1912 年 5 月 26 日，纽约）

精神欲有所为，但身体疲竭不振。

亲爱的玛丽，我感觉不好，我的全身心都在渴望一片绿色而宁静的天地，好专心致志地感受对上帝、对生活、对绝对真理的爱。

当春姑娘在山岭间翩翩起舞，人是不该躲在小小的阴暗角落的。窗外春光如此明媚，但我却没有足够的气力穿上衣裳，出去作一次散步。

你也有点疲惫了吧？不，你是永不知疲倦的，永不会患病的。你的身体和你的灵魂一样，时刻都准备着，希冀着，渴望着。你像黎巴嫩的雪松一样，充满着芬芳的力量。但愿那些人今天下午不会过来；但愿我们俩能在一起，一起嚼着浆果，在林间漫步。

第44封信

（1912年8月14日，麻省南塔斯克城）

我一直在等候的暴风雨，现在已来临。天空昏黑，海上翻浮着白色的泡沫；天空与大海之间，是某些不知名的神灵的精魂在飞舞。我边写边注视着这一切。这情形和我们在纽约一起见到的情景同样壮观，你还记得吗？

玛丽，到底是暴风雨中的什么这样打动我呢？为什么在暴风雨来临时，我变得更加健康、强壮，对生活也更加自信呢？我不知道答案，但我确实酷爱暴风雨，胜过自然界中的一切。

你，你是更接近上帝的。何处有了你，就有比这小城更多的自由和美。

这会儿，暴风雨正达到高潮呢！

爱你的　哈利勒

第45封信

（1912 年 9 月 16 日，星期一，纽约）

亲爱的玛丽：星期六我拔了两颗蛀牙，到昨天还是奇疼无比。今天我的左脸颊肿得厉害，看起来非常可笑。

明天又会长出一颗智齿，然后我会一切正常的。

爱你的　哈利勒

第*46*封信

（1912 年 10 月 9 日，纽约）

　　刚从牙医的诊所里出来，现在还有点头晕。他又是打孔，又是填补，整整忙了一个半小时。

　　我现在身体总体上不错。我感到好像有一股新的力量在我血管里流动。我把这归功于你，玛丽，玛丽，我心灵的母亲！你在这儿时对我说的话，让我认识到那些年里我是多么孤独无助！

　　我感觉离你近吗？——我何曾感觉远离过你呢？我一向感觉的又岂止是"近"呢？我不是一直在你的周围盘旋，犹如一只飞鸟围绕它的巢盘旋吗？

　　在我们中间，玛丽，伫立着一个不为我们知晓的神灵，"他"的脚步是坚定的，"他"的手掌和眼睛永远是张开的，"他"的思想是永不变更的。有一天，你会听到我在另一个世界上重复这样的话语——在一个比这个世界更接近太阳的世界上。

　　　　　　　　　　　　　　　　　　　哈利勒

第47封信

（1912 年 10 月 20 日，纽约）

　　你的来信标志着我生活中一个新纪元的开始，它在我心中点起了火焰。我似乎感到：我们俩已经对世界宣战，而我们必将获胜，我们是最终的胜利者。我是以我灵魂中全部的声音说这话的，一个月之前我还不会说出这样的豪语。我已不再是个梦想家了。梦想的世界是美丽的，但在它的外面另有一个世界，那是绝对真理的所在。

　　　　　　　　　　　　　　　　　　哈利勒

第48封信

（1912 年 9 月 29 日，纽约）

皮埃尔·洛蒂[1]在这儿，星期四我和他度过了一段有趣的时光。我们谈起了他"心爱的东方"。他说见过我的《被折断的翅膀》，最后还作了这样的评论："你变得越来越具有野性，越来越没有东方的特点了，这不好，很不好！"

我是太爱我的祖国了，因而不愿等同于她的众多儿女。但是他对此不会理解，他是太纤细、太多愁善感了。在他的艺术灵魂里，有着一切靡丽的东方病态。他不愿让我画像："呵，不，不！让我在一个艺术家面前端坐着？不，不，决不！不，不（用阿拉伯语），什么都行，就这个不行，这简直是要我命。"

洛蒂已经六十二岁了，但他很精心地搽了香粉，涂了口红，还描了眉——是的，涂口红并描了眉。他看起来年轻得多，但让人觉得有点可怜。

我希望能再见到他。能碰到这样一个生活在虚幻梦想里的幻

1　皮埃尔·洛蒂(1850—1923)，法国小说家，曾作为海军军官到过中东和远东。

想家，一个东方化了的西方人，倒让我觉得有趣。

　　我拔掉了所有的蛀牙，六颗蛀牙，一共六颗！疼痛是难以言述的，但效果很好。我各方面都感觉极好。我的胃也比过去三四个月好多了。过些日子还要装假牙的齿桥等等，但这之前还有好几项工作有待完成。

　　我现在的健康真有点让人吃惊！我每天都要在中央公园、河滨大道这样的公共场所散步五英里，每天都吃营养丰富的食物（牛肉、鸡蛋、牛奶），每天靠近窗户睡觉。工作时间减少了，但效率却不比平常逊色。

K.

第*49*封信

（1912 年 10 月 22 日，纽约）

最美妙的事情，玛丽，就是你我能经常手牵着手，在一个美得惊人，却又不为人知的世界上一起漫步。我们都伸出手来，从生活中受取——而生活实在是慷慨旷达的。

皮埃尔·洛蒂又回到一些东方寺庙的阴影中去了。他怀着对"喧嚣的美国与粗俗的美国佬"的鄙视离开了纽约。他只有呆在往昔的暗影里才感到快乐。我和他的又一次见面，是在他的中国题材的多幕剧《天堂之女》上演后。这部剧颇为奇特，但算不上伟大。那天晚上他有些紧张，情绪也不太好；但他答应，我再去法国时让我为他画像。他最后对我说的话是："纪伯伦，现在我要以叙利亚的名义告诉你：你必须回东方去，以拯救你的灵魂。美国不是适合你的地方。"

土耳其和巴尔干国家间的战争[1]，是两种不同精神之间的战争，是文明和野蛮之间的战争。养尊处优的阔佬们对年轻的巴尔干国家提出抗议，因为怕他们"破坏世界和平"。但他们为什么

1　即 1912 年爆发的巴尔干同盟反对土耳其的战争。

不能破坏这个世界虚伪的和平呢？这种一厢情愿的和平已经让他们饱尝了苦难。我祈求上帝，但愿这场战争能导致土耳其帝国的瓦解。这样，近东受压迫的各个不幸民族才能获得新生，我的叙利亚母亲才能睁开她悲伤的眼睛，再一次凝视太阳。我是个绝对主义者，玛丽，绝对主义是不分国界的——但我的心却永远为着叙利亚而燃烧。命运对她是残酷的——岂止是残酷而已：她的神灵已经死去，她的儿子们离弃她去遥远的异乡觅食，她的女儿们都是哑巴和盲人。但是她依然活着，还活着，而这正是最痛苦的事情，她在这种种苦难中间依然活着。我正在写的这些东西，或许会招致整个阿拉伯世界的敌视。但是，我已有所准备。我开始习惯于被钉在十字架上了。

　　我的模特儿正在这里。今天阳光很好，我的手痒痒的，盼望着工作。

　　给你吉祥的手送去一个吻，给你明亮的眼睛送去一个吻。

你的　哈利勒

第 *50* 封信

（1912 年 11 月 5 日，纽约）

嗨，星期五和星期六我当然会在这儿！你要来纽约，我会离开这儿吗？你一分钟也不该产生这样的念头，对吗？在这间小小画室和你共度一小时，要胜过在黎巴嫩山上度过一个星期。

噢，我有一千桩事情要告诉你，但我要等你来时再说，在你靠近我时，我变得更善于表达。

再见，我亲爱的玛丽。吻你，再吻你。

哈利勒

第51封信

（1912 年 11 月 19 日，纽约）

你的上次来访，亲爱的玛丽，是多么像一场梦幻，是多么短暂的一瞬！我现在觉得，我们是作了一次神遇。我有很多事情要告诉你，但我从没有说出。我们没有很多时间谈话，也没有时间沉默。我喜欢默默地和你在一起，玛丽。

上个星期我很平静地工作着。到这个周末，我将完成两幅画：一幅是你见过初稿的《钉在十字架上的人》；另一幅是较小的油画，我题名为《静谧的房屋》。为我作模特儿的是一个英国姑娘，她是研究英国诗歌的学生，主攻勃朗宁和斯温伯恩！谁也说不清这些模特儿是怎么回事。她们属于最不可思议的一个阶层，或许还是最不幸的一个阶层。

我的生活很宁静，除了工作就是散散步、别的不做什么。我没有见别人的愿望，我感到自己好像在等待某种新奇的东西，来点燃我灵魂中未燃烧的一面。

我想多写一些，但是力不能及。我有点疲惫，我心中有着黑色的沉寂。我希望能把头靠在你的肩上休息。

哈利勒

第*52*封信

（1912 年 12 月 12 日，纽约）

在过去的十天里，我见到的人比以往任何时候都多。我从没有收到过这么多不同名目的请柬，好像全纽约的仁人君子都开始把我当做什么人物似的！玛丽，这一切都是那么奇怪和可笑。可是，为什么我们与人们来往得越多，就越是有疏远的感觉呢？即使是人们表现出的善意，也让我们感到见外、孤独和忧郁。

艾丽斯·布拉德利小姐是个出色的小妇人。她写的剧作《总督夫人》正在贝拉斯科剧场上演，非常成功。我为她作了一幅很好的画像。昨天晚上我同她共进了晚餐，她星期天会过来看我的画。

阿瑟·法威尔先生和他的母亲上个星期天来了，和我一起度过了一个下午。像法威尔太太那样极富艺术鉴赏力的妇女我已久违了。

文奇先生和他的夫人星期六将带朋友们过来。

马丁夫人说她要试图把戴维斯[1]带来看我的画。

1　戴维斯，美国画家。

我有两幅新作，比我以往的所有作品更贴近我的心。

那位英国姑娘的画像将是一幅成功的作品，我题名为《温顺的小鹿》。

愿神灵与你同在，我亲爱的玛丽。吻你。

哈利勒

第53封信

（1912 年 12 月 19 日，纽约）

亲爱的玛丽：我的计划是星期一晚些时候到波士顿，但有一桩小事有待处理，所以我也许要到星期二才能动身。

这个星期天我接待了十二位来客！设想一下这间小屋里来了十二个人是什么情景！当时我真想把墙壁往后推开。

我想我在波士顿的日子不会超过一个星期。眼下有很多有利的因素，我不想失去对我工作有益的机会。有些人就愿意在适当的时间做适当的事情，一旦错过了时机，他们会失去做任何事情的欲望。

我相信，玛丽，未来不会有负于我的。我无法取悦那些膜拜旧的神祇、服膺旧的思想、带着旧的欲望生活的人们。然而，感谢那些常新的神灵，总有人能够挣脱昨日的锁链。虽然能够生活在"现时"中的人为数不多，但他们是最有力量的人们。

我肯定要带两幅画来。我要把这画室里最大的两幅画带来，有时候最大的也就是最好的。

哈利勒

第*54*封信

（1913 年 2 月 14 日，纽约）

　　我有可能租到这栋楼上一间又大又好的画室，它有我的房间三倍那么大，而且南北房间光线都很好，还有天窗。房子很舒适，也很适合我工作。

　　而且租金只有四十五美元！

　　我这几天还在犹豫不决，不知道如何决断！

　　要把这房间布置和打扫一番，大概还要五十美元。

　　如果房东同意，我是否租下来？

　　只要在你的卡片上写一个便条来就行了。我知道你很忙。

　　　　　　　　　　　爱你的　哈利勒

第55封信

（1913年2月18日，纽约）

我已经挑选出十幅画（其中有一些你尚未见过），如果可能的话，可以作为组画的一部分放在一起保存。这些作品在法律上是属于你的，你绝对有权加以处置。

没有什么比为一幅画定价更难的了。但如果这十幅画今天值十个美元，那在十年之内必会涨到五十美元。

我最向往的一个梦想就是：有朝一日，我的一些画，比如说五十或七十五幅，能一起在一个大城市展出，人们前去参观，或许一些观众还表示喜爱。

我还希望我的系列肖像画能放在一起保存。有人前不久曾对我说：在这些肖像全部完成后，纽约公共图书馆很可能会买下这组系列画。他说再过二十五年，这些肖像的主人大都不在人世，这些画将变得极有价值——不仅是作为艺术品，而且是作为史料。

我搬进较大的画室是件好事。除了感官上觉得舒适以外，我知道这对工作也大有裨益。一个在"阴暗的陋室"里挨饿的艺术家，人们会害怕他的作品的。英豪俊杰只有在体面的地方才能称其为英豪俊杰！从艺术的角度来说，为人们所尊敬而成牺牲品，未尝不是件好事。不过，玛丽，我倒不想作任何事或任何人的牺牲品。况且我也不算个艺术家。

不久我会写一些新的东西，给你寄一些小型的肖像画。只要你和我一起在这小小的画室，我就会画个不停。我总感到你在微笑着，瞩望着我。

给你的手献上两个吻。

爱你的　哈利勒

第56封信

（1913年3月16日，纽约）

亲爱的玛丽：我像一只小蜜蜂那样忙碌不停，成果也是甜蜜的。

每年的这个时候，我的灵魂都要经历一次火山爆发，都要经历一场"我"与"我"的战争。"旧我"总是溃败者，或者说是经历一个遭淘汰的过程。一个更好的自我在驱赶陈旧的思想和观念，同时新的思想观念又在形成。

为什么艺术在总体上不像我一样也经受火的洗礼呢？如果我们所有人都一起向着"绝对"进发——这"绝对"无非是看待生活的一种质朴的眼光——艺术就不会在原地停留了。

下面这十幅画将归哈斯凯尔收藏：

《让我们一同起来》

《种子》

《凝望者》

《巴黎习作——裸体画》

《玫瑰袖》

两幅我带到波士顿的画

《美杜莎[1]》

《沙漠之心》

《头生儿》

最后三幅画是新作，我觉得你肯定会喜欢的。

过去的两个星期里我多次梦见到你，我们总是在谈论有趣的话题，你总是那么快乐。前天晚上，你露出大海一样的笑容，我喜欢。

给你的眼睛送去两个吻，给你的手送去两个吻。

你的　哈利勒

1　美杜莎，希腊神话中的蛇发女怪。

第*57*封信

(1913 年 4 月 20 日，纽约)

亲爱的玛丽：你知道长着七个脑袋和两只手是什么滋味吗？你当然知道的。现在，我长了七个脑袋，但只长了两只手，这两只手正像火焰一样燃烧。当我的手在燃烧，我变得疏于言词了。

所以你发现我无声无息了。但是，我在用我心上所有的嘴，吟唱你最近的来信。是的，玛丽，我的心上长着很多张嘴，都可以吻你的手，吟唱你的来信。

这春天的日子让我难以静息，我心中充满了对某种无名事物的渴望。我希望能够去野外，去和鲜花一起生长。

哈利勒

第*58*封信

（1913 年 4 月 30 日，纽约）

售画的心理学应该得到简化，而这是容易做到的，如果所有的购买者都是作品的爱好者的话。（爱能使一切都变得简单）可惜大多数购买者都不是爱好者，而那些被上帝的精神造就为爱好者的人，又没有被赋予购买的实力！

今天早晨，我收到一张波士顿美国电话电信公司寄来的支付股息的空白汇单，我签了字，寄回给该公司财务部。现在，我生平第一次成了一个股东，这一切看起来是那么奇怪。只有居于我们心中的上帝，才能把我对这些事的感想告诉你。上帝会告诉你的。

我已经准备好搬进新画室了。明天开始的一个星期，将在搬上搬下、尘土飞扬中度过。我知道在新的画室里我会舒适快乐的，但我将永远记住这间陋室里宁静的精神，我永远会怀着爱记住它。

哈利勒

第59封信

（1913年5月16日，纽约）

从5月初开始，我干了从木匠到清洁工的一切工作。现在，这地方已颇为整洁和惬意了，但还没有美到令人赏心悦目的地步。我不用花钱就会把它布置得漂漂亮亮的。噢，玛丽，玛丽：我不再寄身牢笼了，我舒筋伸骨时，我的翅膀再不会碰到墙壁了！我在肉体上是个自由人了。这是一次复活。我有了空气、阳光和空间。

"国际现代艺术展"是一次革命，是一份"独立宣言"。那些画作孤立地来看都不算伟大，实际上，只有很少几幅是美的。但是，总体上来说，这次展览的精神是既伟大又美丽的。立体派、写意派、后印象主义、未来主义等等都会烟消云散，世界也终会忘掉他们，但这场运动的精神却永远不会磨灭，因为它同人类对自由的渴望一样真实。七十年前，透纳[1]是艺术家中惟一的一颗自由灵魂；今天，我们有千百个自由的灵魂，他们惟一的愿望就是"存在"，而不是"追随"。这些自由艺术家可能没有透纳那

1　透纳(1775—1857)，英国浪漫主义画家，风景画大师。

样伟大，但他们和他同样独立。我们不能像衡量伟大那样衡量自由。一个人可以是自由的而不是伟大的，但没有人能够不自由而伟大。

当然，波士顿人对这展览怀有敌意。昨日的孩子是不会聆听今日和明日的歌声的。对于他们来说，昔日的法则就是未来的法则。他们生活在往日里，他们伴随着往日吃饭、喝水、睡眠，他们做的是死者的梦幻。我怜悯他们。

第 *60* 封信

（1913 年 5 月 17 日，纽约）

　　天仙一般的莎拉·本哈特正在这里。上星期二她离开剧院时，我有幸目睹了她的风采。她是那样的仪态万方，"仪态万方"是惟一合适的形容词。她谈起叙利亚和埃及之行时，兴奋之情溢于言表。她说她母亲讲阿拉伯语，这种语言的音乐在她的灵魂里存在过，并依然存在着。但当我提起为她画肖像时，她笑着说道："我现在怎么行呢？我太累了，每天要演出两场——星期天也不例外！"然后她又说："我会尽力而为。下星期再来看看吧。"所以还有点希望，玛丽。

　　　　　　　　　　　　爱你的　哈利勒

第61封信

（1913 年 5 月 27 日，纽约）

天仙莎拉终于被我逮着了！我昨天为她作的肖像画，尽管没有表现她真实的年龄，仍是极为成功的。不过，如果对其他显赫的男人、女人都要费这么一番周折，我或许会放弃艺术而成为外交官了！她要我远远地离她而坐，好看不清她脸部的细节，但我还是看清楚了。她还让我隐去一些脸上的皱纹，甚至要我改动一下她那张大嘴巴！你难以让莎拉·本哈特满意，也难以捉摸她，难以同她交往。她脾气很大，一定要像对王后那样对待她，如果做不到你就完了。我想昨天我是摸准了她的脾气，我的举止也很得体。也许正因为这样，她对我颇有好感，在我告辞的时候，她还伸出左手让我亲吻。

叙利亚自治的问题正萦绕在每一个叙利亚人的脑际。我们最终会自治的。但如果土耳其人想继续同我们玩老花招，那我们只有一个办法，我们会采用这个办法的，玛丽。

哈利勒

第62封信

（1913年6月10日，纽约）

噢，亲爱的玛丽，你的哈利勒很快就要去巴黎了！

有一个会议要在巴黎举行，三十多个叙利亚人将在会上讨论叙利亚的自治问题。迪亚卜和我被邀请作为代表出席。这个想法很好，但在我同一个叙利亚委员会商谈之后，我发现我们在所有问题上的观点都有分歧。他们将承担我的费用，我将说出他们的想法——而不是我的！既然他们和我的想法是如此不同，我只有违心地充当他们的代表。

迪亚卜认为我疯了，别人也这么认为。既然我疯了，我必须独自工作。赞美那些全能而仁慈的神灵，是他们把这可爱的狂疾赋予了我！

玛丽，你告诉我：学校什么时候放假？在你西行之前，我们俩可以一起度过几日吗？

哈利勒

第*63*封信

（1913 年 9 月 12 日，纽约）

亲爱的玛丽：

我这里有一位老朋友来访——感冒！请你不要生气。感冒和我相好已久，我们彼此颇为默契，从未伤过和气，对什么都是一笑了之。请你不要把这事告诉我妹妹。

我现在无法工作，但可以闭上眼睛思考。我在思考我热爱而且敬重着的"狂人"[1]。这狂人虽然憨态可掬，对我却是一种安慰，是一个栖身之所。我每感到软弱或疲惫的时候就去那里憩息。在这个希奇古怪地武装起来的世界中，他是我惟一的武器。

我收到了一份寄自芝加哥的取暖炉产品目录，其中多数产品都很漂亮。他们向我建议的那种看起来样子倒一般（价格为十四点六美元）。等我身体痊愈后，我会汇款去购来。

哈利勒

1　指纪伯伦正在构思作品《狂人》。

第*64*封信

（1913 年 9 月 18 日，纽约）

感冒已经好了，我现在感觉强多了，不过稍稍有点累而已。我现在需要的只是让身体和大脑都得到休息。身体的休息较容易，可大脑的休息却几乎不可能。你知道，玛丽，我性情怪僻，我总在不停地挖掘，像个鼹鼠一样，而且经常是在不洁净的泥土里挖掘。在泥泞不堪的时候，我有好几次厌恶起我对生活的态度。但是，对于将鼹鼠赐与我的神灵，我依然是感之不尽的。

关于取暖炉，首先我要说，感谢你向芝加哥写信购买炉子，我一千次地吻了你的手，正如我以前吻你的手一样，因为你在纽约时为我的画室添置了那么多美丽的东西。那只大号的炉子（订货单背后的第 18 号）放在这里太大了，17 号也大了一点。看图片上的样子，16 号看来合适。但也说不定，也许稍大的 17 号更好。但我们不想在这画室里搁一个大个的铁玩意儿，对吗？不管怎么说，最大的那个是不行的，你说呢？

摩尔斯先生写信来，说他可以分文不亏地抛出一千五百美元的股票。

哈利勒

第*65*封信

（1913 年 9 月 21 日，纽约）

你可以原谅我的超级愚笨吗？我还以为订货单背后的图片说明的是炉子的大小，没看出那是不同的种类。

GC 大类中的 22N725 型是我们所要的。画室的面积是 21×33 英尺，我想 22N725 型足够大了，要没有的话以后再买也行。

摩尔斯先生已经抛出了一千五百美元的股票。

玛丽，我对成天呆在室内已经厌倦了。我感到好像一只囚在笼中的无助的鸟，而外面的天空却是阳光明媚。或许我该出去走走，坐在公园里看一张张疲惫而丑陋的脸。我必须对丑的世界留有印象，因为我见到了那么多张丑陋的、没有灵魂没有个性的脸，毫无特征、毫无品味的脸。

哈利勒

第66封信

(1913年10月8日，纽约)

亲爱的玛丽：在过去的三周里，我对生活的体验加深了许多。我跨越了大海，来到了一片新天地。事物看起来变得那样的不同，我已倦于这世界。为什么一个热爱生活的人要忍受这个愚昧的、毫无主见的世界呢？有朝一日，我会带上颜料盒和墨水瓶，出门去做隐士。一个真正的隐士去旷野是为了寻得而不是失落自身。人可以在任何地方发现自身，但是在大城市里，他必须用利剑辟开一条路，以便见到自身的影子。

现在，我每天工作不能超过三四个小时，然后我就需要休息、空间和宁静，有些时候则完全不能工作，是太忙碌而无法工作。当人处于某种思索状态或生存状态时，是无法从事任何体力工作的。

一本收集了我最早期散文诗的集子，将在三四个星期内出版。今天早晨我对校样作了修改。我讨厌修改校样。还有什么，比精心检查你已死去的自我留下的作品更乏味的吗？挖掘一个新坟墓是好事，但抄检旧坟就不然了。

　　我的新书几乎已完成。他们对我说新书的出版不要与上一本书隔得太近。

　　取暖炉还没到，我现在急需为我的模特儿装上取暖。

　　玛丽，别以为我现在做事情拖沓。要知道，我孤独一人，同时只能做一件事情。

哈利勒

第67封信

（1913年10月19日，纽约）

星期六(25日)我当然会在这里，星期天也在。你要来，我怎么会若无其事地离开呢——难道你有过一分钟这样的念头吗？你想告诉我：你看画的时候愿和我在一起。但我何尝不想和你在一起呢？我难道没有我自己的愿望吗，亲爱的玛丽？也许你认为我可以从画布的背后看到你。不，玛丽，我要亲眼看看你，我要亲手抚摩你。

取暖炉终于到了，非常漂亮。无论外面多么寒冷，有了取暖炉，这房间会变得更加舒适。

这些天我不会见别人。我心中的"否"现在在起作用，正如以前我——已死去的"我"——心中的"是"起过作用一样。感谢上帝，有这么个小小的筹划者在支配我。但我现在不该谈这一切，星期六已经不远了。

告诉我，星期六你是什么时间到这里？

第 *68* 封信

（1913 年 10 月 26 日，纽约）

　　玛丽：昨天我快要给吓死了。那两封电报之间相隔的三个小时是我平生最为可怕的时刻。接到你第一封电报后，我把一些行李塞进旅行包里，在这间画室里踱来踱去。当时是十一点，火车是一点零三分发车。但愿我能对你描述我当时的惊恐之状。后来我又重读了电报，最后的几个字"正在好转"给了我一个提示。我苦苦地思索起来，理智让我的恐惧变为不安。你星期五的短笺给了我另一个提示。我的心情略有变化，但恐惧仍未削减。于是我给你发了电报。

　　亲爱的玛丽：你在暗中接受治疗，这使事情变得复杂了。314 号公寓是个半公开的地方，你患病时我在那里（而我并非医生），肯定会引起人们议论纷纷。进 314 必须从大门进去，而要离开 314，即使从窗户里飞出去也不是易事了。

　　这种种念头让我顾虑重重，考虑再三。这时候你的第二封电报来了。啊，那是多么大的一个安慰啊！我镇静起来，躺在床上和衣而睡！

　　你的身体越来越好，我要感谢安拉。我相信你说的一切，我不会让自己揣测你字面以外的意思，尽管有时候谁都会情不自禁地作各种揣测。我一辈子都在琢磨文外之意，玛丽，这已成了我的思维习惯了。人们对我说话时，我能听出他们未道出的意思；读书的时候，我能读出未写出的内容。但我保证决不在你患病或悲伤的时候琢磨你的言外之意。我会照字面理解你的意思，因为我知道你不会对我隐瞒真相，无论这真相有多么痛苦。

　　如果你11月7日至9日间不来纽约，我就去波士顿。但我还是希望你能过来。

哈利勒

第*69*封信

（1913 年 10 月 30 日，纽约）

你为什么要对你告诉我的事情作解释呢？我是能够理解一切言语的内在精神的，你不相信我的理解力吗？

我还有一件事情要说：请你，请你不要以为我极易受到伤害。真刀真剑或许会刺伤我，但蜡制的刀剑是不会伤害我的。不客气的言辞和眼神有可能让我多加小心，但只有铁掌才能伤害我。假的东西会自我消亡的。所以，请你绝对放心，因为你的哈利勒不是奶油沫做的！

我非常高兴你能在 11 月 8 日来。比起在波士顿，我们在这里能度过更愉快更长久的时光。

爱你的　哈利勒

第*70*封信

(1913 年 11 月 30 日，纽约)

亲爱的玛丽：你是多么甜美，又是多么温柔体贴！你总在为我做事情，甚至在你无意中也是这样。你总把我放在心里，正如我总把你放在心里一样。但是，玛丽，我确实没有必要去古巴或百慕大。我现在很好，如果我需要某些改变，我不用远行也能改变。我需要的不是外界的改变，百慕大不会让我改变对世界的看法。况且我现在感觉良好，我的情绪不是那么黯然。你看待事物的方法其本身对我就是一种改变，你最近两封来信所涵的精神，使我的生活变得更加明朗和清晰。我想确信你一切都好，这才是我所需要的，但我想了解的是真实情况。玛丽，我担心你不把一切都告诉我，我担心你在有意不让我痛苦。所以，我想像着各种各样的情况，尤其是在漫漫长夜里。你知道吗？

玛丽：请你莫以为我在花钱时缩手缩脚，你神明般的慷慨之手，已经给了我任何艺术家所期望的最好生活。是的，玛丽，你已经给了我生活，我知道这一点。我要你明白我是知道的。

我只是在不必要花钱时才有所犹豫。我现在南下就是不必要的，因为我的身体很好。

　　亲爱的玛丽：现在，我要去再读一遍你的来信，这会使我感觉更好。

　　　　　　　　　　　　　爱你的　哈利勒

第71封信

(1913年12月7日，纽约)

亲爱的玛丽：你是否因为我未去百慕大而生气了？请不要为我生气。当冬天到来时，一个人不管感觉如何，都愿意作些思考和工作。此外，我每到异地，都会本能地感到不自在，总有种将真实的自我遗弃在身后的感觉。

我整个一星期都试图搞清楚你在思考什么，但现在我仍然不清楚。我想确切地知道你的一切是否安好，你可以告诉我吗？

我感到好多了。我每天都做一点工作。每过一天，一切都显得不那么阴云密布和黯淡无光了。也许当我们再次相逢时，我们会嘲笑那些阴云和黯淡的心情。

我可能在18日左右去波士顿，陪我妹妹过上十天，我可以在你去南方之前看看你吗？

爱你的 哈利勒

第72封信

（1913 年 12 月 19 日，纽约）

亲爱的玛丽：

　　我将于星期天早晨到波士顿。如果你同意的话，我想来找你，和你一起度过星期日下午。这天中午我会给你打电话的。你总是离我那么近，有时候我每过一个钟点就要和你作交谈。我们之间有着心灵感应，这我很久以前就知道了。如果没有这种无声的感应，像我们这样的两个人，怎么可能互相理解呢？

　　星期日见，亲爱的。

爱你的　哈利勒

第*73*封信

（1914 年 1 月 21 日，纽约 ）

亲爱的玛丽：

洗土耳其浴真好，昨天晚上我洗了一次，回家后睡了个好觉。

罗丝·圣·丹尼斯昨天下午为我表演了舞蹈——几乎是裸着身体。她在自己豪华而宽敞的工作室里扭动着、旋转着肢体的时候，我为她作了几幅小型素描。

英格索尔手表尚在寄往 314 公寓的邮途中。可是，你为什么、为什么、为什么要寄给我这只可爱的金表呢？你比我更需要它，所以你应该留给自己。你总是把你拥有的最好东西给我，你的手对我总是那么慷慨大方。听着，玛丽：我要把这块金表保留着，直到我们找出缘由让你自己来戴这只表，不久我们就会找到这样的缘由的。

还有那瓶洗面液，也太棒了！它太适合我的脸了，真的。我刚收到就用了起来，效果很好。你真是快乐的源泉，玛丽。

明天我要见保险公司的来人，我认为我们最多投保一万美元，因为这栋楼虽然陈旧，但在这座城里是最安全的，每一个人都那么小心翼翼。

　　　　　　　　　　　　爱你的　哈利勒

第74封信

（1914 年 2 月 8 日，纽约）

　　但愿我能说出，亲爱的玛丽，说出你的信对我意味着什么。你的信在我灵魂里创造了又一个灵魂。我阅读它们，犹如读着生命的福音。我也不知为何，你的信总是在我最需要的时候到达，总能带来那种元素，使我们渴望更多的白昼、更多的夜晚和更多的生命。每当我的心是赤裸和颤抖的时候，我就有种急切的感觉，需要有人对我说：一切赤裸和颤抖的心灵都拥有一个明天。而你，玛丽，总能传给我这样的信息。

爱你的　哈利勒

第75封信

（1914年2月24日，纽约）

昨天和今天我在埋头苦干，我还从来没有这么工作过。

我并不需要一个更大的炉子，亲爱的玛丽，用现在这只炉子取暖已经很好了。至于在极冷的日子里，像过去的那几天，是什么炉子也不顶用的。上次我给你写信的时候，纽约的每个人都在发抖，我对这鬼天气也肯定发了牢骚！所以，我请你，请你给芝加哥去信，别让他们寄大炉子来了。如果我需要的话，我会马上告诉你的。我总在索求我需要的东西，当然，我也只对你索求东西。你知道吗，亲爱的玛丽？

上帝保佑你，亲爱的玛丽。上帝永远与你同在。

深爱着你的　哈利勒

第*76*封信

（1914 年 3 月 1 日，纽约）

　　一场暴风雪正在席卷窗外的世界，而这画室却温暖无碍。我的灵魂里油然而生出一种对工作的渴望。暴风雪可以使我摆脱琐小的忧念和痛苦，唤醒我心中所有的热情。我变得迫不及待，我在工作中寻找解脱。我经常想像这样一幅画面：在全世界暴风雪吹刮得最强劲的（而不是最寒冷的）国度里，我处在高山之巅。有这样的地方吗？如果有，我总有一天会前往的，我要让我的心化为画卷和诗歌。

　　现在我要工作了。有你的祝福在我的心里，有暴风雪在外面怒号，我一定能完成好的作品。

　　这不是一封信，亲爱的玛丽。我只想告诉你：当暴风雪唱起狂野的歌曲，跳起热切的舞蹈时，你和我就要去工作了。

　　　　　　　　　　　　　　　　　爱你的　哈利勒

第 *77* 封信

(1914 年 3 月 8 日，纽约)

今天是个平静的星期天。

每星期五在福特女士家的晚餐聚会真是美妙无比。在那儿我总觉得可以随心所欲地说话，我也确实畅所欲言了。

W．B．叶芝[1]也到福特女士家赴了一次晚宴。他极有魅力，他那蒙胧的眼光里有种忧郁的神色。令我大为吃惊的是，他还记得三年前我在波士顿为他画像时我们的谈话，当时我们对泰戈尔有着不同的看法。

过去的这个星期成果累累。我的生命里卷起了一场风暴。我夜以继日地画着，写着，口授着，爱着上帝。噢，玛丽，我无法说清那是一种什么感觉！好几次我仿佛觉得被强劲的天风裹挟着，到空中去见圣主。于是我忘却了心中的痛楚和苦难，变得和你一样博大而自由。

我的"致伊斯兰的公开信"激起了我期望的反应。但我在东方的一些朋友却认为，我发表这两页纸的短信，等于用自己的手

1　叶芝 (1865—1939)，爱尔兰著名诗人、剧作家。

签署了我的处死令！但我不在乎。

爱你！

爱你的　哈利勒

第*78*封信

（1914 年 4 月 5 日，纽约）

　　我一直沉默着，亲爱的玛丽。我工作得很努力，觉也睡得很多——有时候睡十个小时！我感到工作和睡眠占去了我说话的力量。有些日子我根本就足不出户，我随便吃些房间里有的东西，然后上床睡觉，心里出奇地平静。

　　随着年岁的增长，我内心中隐遁的成分越来越坚定了。生活是一幅场景，其中有无数甜蜜的可能性，以及这可能性的应验。可是，玛丽，人类又是如此浅薄，他们的灵魂是浅薄的，他们的言谈是浅薄的。生活是伟大的，人类是渺小的。在生活和凡人之间有着鸿沟。一个人不扭曲自己的灵魂，简直无法跨过这道鸿沟。但让艺术家成了耍杂技的，这值得吗？

　　从我个人来说，我只能适应人类之链上的两个极端：原始的人和高度文明的人。原始的人是自然质朴的，高度文明的人则常常是敏感的。但在纽约这儿，我见到的并与之交往的，只是些彬彬有礼、受过教育、符合道德的平凡人。这些人是那么浅薄。他们悬挂在天堂和地狱之间的空中，但他们是那么怡然自得，总在向你微笑着！

　　前天晚上我梦见了你，你在和一个高个男人跳舞，而且满面笑容。

　　你可以寄我一张你的相片吗？

哈利勒

第 *79* 封信

（1914 年 4 月 18 日，纽约）

　　我太高兴了，亲爱的玛丽，因为我们将一起度过下个周日。上次你来这里，已是很久的事了。我一定要见你，好对生活中的某些事情放心。你每次来访离去后的日子，常常是明净而甜美的。在你离开之后，我总能明白我做了什么以及尚未做什么，明白我是什么和不是什么，明白到底什么是"是"和什么是"非"。

　　你要来了，我真高兴。

哈利勒

第*80*封信

（1914 年 5 月 3 日，纽约）

亲爱的玛丽：

　　上个星期天的喜悦还在感染着我。我把那短短几小时的时光重温了好几遍，把你对我说的所有话再三重复过，每一次我都体会到被人完全理解的那种无上快乐。你对我的谈话，总能让我看清楚生活的真谛，发现其中一切可爱的事物。每当我开口和你交谈，我自己也变得出奇地清晰起来。你总能让我把手放在我灵魂最亮丽的地方。

　　我现在就出门，发这封信，用午餐。然后我要回来工作，你会和我一起工作的。

爱你的　哈利勒

第 *81* 封信

（1914 年 5 月 24 日，纽约）

亲爱的玛丽，今天天气极好，冷热相宜。我要带上你的祝福，带上一本书和几页纸，到僻静的林间去。

我想到开阔的乡间痛痛快快地散步。玛丽，你想想，想想遇上雷雨天的情景！还有什么场面比万物在纯粹的运动中创造生命更动人呢？现在，让我们走出四周的墙壁，让我们到林间去，我要在那里同你交谈。当我在僻静的所在散步时，我总是要和你作交谈。只有通过与你的谈话，我自己才能对事物有清晰的理解。我以前曾说过这样的话了，我还要再三地向你说起。

爱你，祝福你！

哈利勒

第*82*封信

（1914 年 7 月 8 日，纽约）

　　亲爱的玛丽，你被赋有了非凡的理解力。玛丽，你是生命的奉献者，你像那"伟大的灵魂"一样，你成为别人的朋友，不仅为了分享他的生命，而且还为他的生命增添了新的东西。认识你，是我的白昼和夜晚最重要的事情，是一桩不同凡响的奇迹。

　　我总是赞成我的"狂人"说过的话："那些知晓我们的人，乃要奴役我们身上的某种东西。"[1] 但对你就不是这样了。你对我的理解，给我带来了从未体验过的最为宁静的自由。在你最近这次来访的最后两个小时里，你把我的心捧在手掌里，你发现了其中的一块黑斑，但你刚刚发现它，它就永远地消失了。我又变得完全无拘无束了。

　　现在，你是一座山中的隐士。对我而言，没有什么比身处在"充满了隐秘之美"的地方作个隐士更为快乐的了。但是，亲爱的，请不要作任何冒险。仅仅做一次的隐士，并不能满足你饥饿的灵魂；为了能再次成为隐士，你还得保持健康和强壮。

1　这句话出现在《狂人》"题记"中。

月桂树和香脂草的叶子在这里散发着最为迷人的芳香。感谢你送给我这么芬芳的礼物，愿上帝祝福你。

爱你的　哈利勒

第*83*封信

（1914 年 7 月 22 日，纽约）

　　你的来信带来了美妙的音讯，亲爱的玛丽。它令我的心颤抖，让我意识到任何其他方式的生活是多么愚蠢。能够摆脱一切虚伪，能够这么纯朴、直率地生活，是多么令人愉悦啊！你把这一切描述得比我的梦想还要清晰，你让我对此产生了渴望。然而我是和你在一起的，这对你我都同样真实。有朝一日我要去一座山中，你伟大的精神将一如既往地陪伴我。

　　我现在处于一种宁静的思索状态，我心里有许多奇异的新念头。我想把这些东西呈现出来，但现在我的手不在工作，我常常在树林里散步。昨天我很早就起床，但直到夜深后才回家。我的午餐和你在山中用的午餐并无二致。亲爱的玛丽，我们两人都能将尘世抛在身后，去寻找那有着绝对生命和绝对存在的真实世界，这是多么美妙啊！

　　怀着爱去到这些白昼和黑夜以外的所在，是件伟大的事情；可是，亲爱的玛丽，更为美妙得多的，是像我这样认识了你。你让我的生命获得了自由。

晚安，亲爱的玛丽。愿上帝保佑你。

爱你、爱你、爱你的　哈利勒

第*84*封信

（1914 年 7 月 23 日，纽约）

亲爱的玛丽：昨晚我做了一个奇怪而美丽的梦，我想让你知道：

你和我站在一座绿色的高山上，俯瞰着大海。你对着我说："我们应该把她扔回去，哈利勒，我们应该把她扔回大海。"

我知道，你说的是我们刚刚挖到的一座大理石质地的美丽的阿佛洛狄忒[1]雕像。我回答："那怎么行呢？她是那么可爱。她的嘴唇依然是那么粉红，她的眼睛依旧是那么湛蓝。"

于是你说："可你不觉得吗，哈利勒：她留在海里会幸福得多、自在得多的！"

我也只得忧伤地说："是的。"

我们便抬起这硕大的女神像，好像抬起一件很轻的东西。我们从一块高高的白岩上把她抛入大海。我们俩都很高兴。

就在这时，一群白色的飞鸟朝我们眼前飞来。当它们飞近我们时，突然燃烧起来，变成飞翔的火焰。于是你说："这下你不

1　阿佛洛狄忒，希腊神话中的爱神与美神。

觉得我是对的吗？"我说："是的，你总是对的。"

　　这个梦不奇怪吗，亲爱的玛丽？

　　　　　　　　　　　　爱你的　哈利勒

第85封信

（1914年8月7日，波士顿）

亲爱的玛丽：

我在这个潮湿得要命的城市里度过了一个多星期。不管我怎么想方设法，我都无法工作，甚至无法思考。我深受那些与我无甚共同语言的好人的搅扰。我愿和我妹妹呆在一起——但我们每次单独在一起都超不过一个小时。天气又太凉，去海滨或去乡下都是绝对不可思议的。

玛丽，我准是有点不对头了，我变得像我的"狂人"一样。我知道人们都有着善良的灵魂，但我每坐在他们身边，或和他们交谈，我都感到出奇地不耐烦，总想在精神上伤害他们。当他们谈话时，我的大脑就会避之惟恐不及，好像被细绳束着脚的鸟儿一样惊恐地飞走。不管怎么说，叙利亚人倒不那么令人厌烦，因为他们淳朴，也因为他们不知道如何迎合别人的兴趣。那些总想迎合别人兴趣的人，实在是最丑陋的人了。

在你回来的路上我们一定要一起过几天。我将在下星期中间回纽约去。我妹妹将和她的朋友们一起到乡下过一个月。

现在，我要重读一遍你最近的来信。我从中能读出交汇的声音，能看到鼓荡的翅翼。

晚安，亲爱的玛丽！

爱你的　哈利勒

妹妹向你表示爱意。

第86封信

（1914年8月20日，纽约）

亲爱的玛丽：

最近几天炎热到了极点，到了夜里更加闷热。我每天都到树林里去，带着笔记本躺在大树下面。我几乎只靠奶酪度日。

我无法再在这间画室里工作了，只有我的大脑还在工作。欧洲的大战夺取了人们灵魂中的安宁和祥和的歌声。玛丽，空气中充满了哭喊声，呼吸时也能感到血腥的气味。你还记得我大约两年前对你说过的话吗？我说："在两三年内，人类历史上最激烈的战争将在欧洲爆发。"当时我们在谈论近东问题，谈论近东和欧洲列强的关系，那次是在河滨大道，在一个炎热的日子——我还记得那时很渴，我们都想找水喝，但没有找到。

玛丽，这是一场可怕的战争，但它必将决定人类在起码一百年内的命运。我相信，它将会让世人对生活有一个更好、更清晰的认识。

愿上帝祝福你，护佑你，亲爱的玛丽。

爱你的　哈利勒

第*87*封信

（1914 年 10 月 14 日，纽约）

亲爱的玛丽：

　　你和我，我们都生活在大战之中。所有那些在这个世界上过着集体生活的人，都和你我一样，随着欧洲各国一起战斗着。这是一场光荣的战争。

　　人是自然界的一部分。自然界里的各种元素每年都在彼此宣战。每一个冬天为了一个新的春天而进行的斗争，要比任何一场人类的战争更加恐怖和痛苦。在一个冬日里遭毁灭的生命，比人类所有战争所毁灭的生命还要多。人类还很原始，他必须为自己不完全理解的事物而战斗、而死亡，这正如田野里的种子的斗争和死亡一样。那些苦苦追求着永久和平的人们，无异于那些盼望着永久春天的年轻的诗人。人是在为一个想法或一个梦幻而战，谁能说，想法和梦幻就不是曾经聚合起来组成这个星球的诸元素的一部分呢？玛丽，欧洲的这场战争，是和冬天的任何一场暴风雪同样自然的，不过是没有暴风雪那样恐怖，不具有那么大的毁灭生命的能力而已。古代的民族曾为阿多尼斯[1]的死而悲泣，为他的复生而欢乐。阿多尼斯，正如你所知道的，就是大自然，或是田野之神。今天，我们不再为冬天的来临而哭泣，为冬天的结束而欢舞。实际上，我们中有些人喜爱冬天胜过喜欢春天或夏天。要是我对那些在一个暴风雪的冬日里感到更加幸福的人说："老兄，你真没有心肝：你的眼前生命在毁灭，你却没有哭泣；夏日的美丽和荣耀受到蹂躏，你却无动于衷。"要是我这么说，我的话听起来会怎样呢？

噢，玛丽：如果上帝是力量，是智慧，是生活里的潜意识，他存在于这个星球上发生的一切战斗中，那他也一定存在于这场国与国之间的战争中。他便是这场战争，他便是一切战争。他，强大的神，正在为一个更强大的自身，一个更清晰的自身，一个具有更高生命的自身而战。

这个世界的思想还没有摆脱它的躯壳，只要躯体在为更多的生命而战，思想也会继续为更多的生命、更多的思想而战。没有什么东西是为死亡而战的。

这个星球上的一切，都是为生命而进行的斗争。身体或大脑的每一次活动，每一朵大海里的浪花，每一个想法或梦幻，都是为得到更多的生命而进行的斗争。

　　　　　　　　　　　爱你、爱你、爱你的　哈利勒

1　阿多尼斯，希腊神话中的美少年，深受阿佛洛狄忒女神的宠爱，狩猎时受伤而死，后又复活。古代腓尼基每年都举行祭祀他的活动，先痛哭他的死，继而欢呼他的再生。

第*88*封信

（1914 年 11 月 22 日，纽约）

今天我感到好多了，亲爱的玛丽。但是我还没有恢复成真实的我。我在静静地休息，以便明天能就着模特儿做些工作。这个模特儿是我几天前雇用的。

蒙特罗斯先生想在下个月 14 日举办画展，这让我觉得有点困难。我不在乎偶尔生场病——生病可以让人的精神得到一点休息。但是三个星期后就要举办画展，这时候生病就让人倒霉并啼笑皆非了。

你寄来这么多好吃的东西，寄来这么美妙的乐器，玛丽，你是多么的甜美！

爱你的　哈利勒

第89封信

（1914年12月6日，纽约）

亲爱的玛丽：

在下个星期六早晨之前，一切事情都必须就绪！大约七十五幅肖像画、油画、素描要在五天里准备停当！我要办完这一切事情！我已经累得半死了。在我疲惫的大脑里涌现的一千零一个细节，快要逼人进疯人院了！艺术是一回事，展览是另一回事！

蒙特罗斯先生将在星期六早晨派人来取画，整个星期六和星期一的早晨他们将忙着挂画。你能够在星期六（19日）或是更早一点来吗？

爱你的　哈利勒

第*90*封信

（1914 年 12 月 13 日，纽约）

亲爱的玛丽：

从一大早起我就不停地往信封上誊写地址，眼前还有一长串要写。明天一大早，我还得帮着挂画，下午就会有很多人来了。谁都想知道我是否会到场，或许我会不得不去个一小时左右，但我不会再去第二次的！我已经完成了这些画，和它们也就再无关系了。这些画属于我的过去，我的全身心都在瞄准一个新的开始。这次展览是一个篇章的尾声。

下个星期我要在睡眠中、在熟睡中度过。我比任何时候都更需要睡眠。当你下星期六来的时候，你会发现我不再有睡眠不足之状，而且没有了负担——除去未来的负担以外，而你我就是为了这未来而生活的。下个星期天，让我们像往常一样在一起度过好吗？

爱你的   哈利勒

第 *91* 封信

（1914 年 12 月 16 日，纽约）

听着，亲爱的玛丽：我给《激情》（或称《伟大的孤独》）标的价格是两千五百美元。我以为没有人会出这样的高价，来买一个没有名气的艺术家的作品。但今天早晨我得知，威尔逊夫人想要这幅画，也愿意付这样的价钱。

玛丽，我一整天都在考虑这件事情。我们俩都喜欢这幅画，也都愿意把它留存下来。正因为如此，我要求蒙特罗斯先生在答复威尔逊夫人之前，给我一段时间考虑一下。

你不觉得我们为了进入一个更广阔的天地，而必须舍弃包括这幅画在内的众多东西吗？你不认为我们应该利用目前的一切，来达到一个更伟大、更持久的未来吗？你不认为把这些画作换来的钱积蓄起来，我就可以在几年里盖一座房子，我们可以在那里表达我们更远大、更完全的思想吗？这些画已不再是我生活的一部分了。我从中学到了许多东西，我还会学到更多——通过让这些画走向世界，通过要求世界回报我们，帮我们盖起我想在离开人世之前能见到的房子，我还会学到更多东西。

现在，我想尽快听到你的答复，最好是在收到此信后立即拍一个电报来。我知道你会告诉我你是怎么感觉、怎么考虑的。

爱你的　哈利勒

第*92*封信

（1915年1月2日，波士顿）

亲爱的玛丽：

　　这双拖鞋很漂亮，我非常喜欢。我从未想到过这么轻巧、精致的东西是为我做的。只可惜鞋子小了点，我的脚该穿7号而不是5号鞋。

　　我想花二十五美元来改变艺术俱乐部画厅的颜色。佩杰先生说他们无论如何也要做这件事。也许他们不愿让我出钱，你该预料到的。他们对我们那么好，我们应该尽量不去伤害他们。我出钱或许会伤害他们的自尊心。

　　是的，玛丽，我们应该在波士顿搞一次出色的展览。

　　　　　　　　　　　　　　　　　　爱你的　哈利勒

第93封信

（1915 年 1 月 11 日，纽约）

亲爱的玛丽：

　　现寄来致莱德尔先生的这首诗，请你阅读并修改英文的表达。他是我真心诚意敬重的一位画家，除了作诗外，我找不出别的方法来表示我的爱和敬意了。如果你喜欢这首诗，我将在日本报纸上单独发表，并给他寄去。这或许能温暖他那颗衰老而疲惫的心灵。

　　上星期天有一件奇怪的事情：佩西·格兰特在布道讲坛上谈到了我的画。别人告诉我，他对那些画、对我都作了相当高的评价——尽管他对我了解甚少。

　　拖鞋已经收到，又轻又舒适。我认为这对我是太好了。

　　　　　　　　　　　　　　　　爱你的　哈利勒

第 *94* 封信

（1915 年 1 月 28 日，纽约）

亲爱的玛丽：

过去的三个星期我一直昏昏欲睡，我考虑着今年该做的一千件事情。玛丽，我担心自己永远不能实现全部的梦想。我总是不能如愿以偿，对于我想得到的东西，我常常只捕捉到其影子的影子。

以前听到人们赞扬我的作品，我常常感到快乐。但现在我却为赞扬而感到悲哀，因为赞扬令我想起我尚未完成的东西，而不知为什么，我愿意人们为我未完成的作品而敬爱我。我知道这听起来有点幼稚，但是谁能够抑制自己的愿望呢？昨天夜里我对自己说："隆冬季节一棵草木的意识，并不依恋着已逝去的夏季，而是企盼着将临的春天。留在草木记忆中的，也不是已经'不再'的时光，而是'将至'的岁月。如果说，草木对将要来临的春天有着自信，对自己在春光里复苏、勃发有着自信，那么我，一棵有人性的'草木'，为什么不能对将来临的春天充满自信呢，对在春天里完善自我充满信心呢？"

玛丽，或许我们的春天不是在此生，这个人生不过是一个冬天。

K.

第*95*封信

（1915 年 2 月 9 日，纽约）

亲爱的玛丽：

　　你不但理解我的沉默和我未成形日子的意义，而且你还在精神上与它们同在。我沉默的日子就是你沉默的日子，没有了你，我要做任何事都是不可思议的。你的精神对我的日常生活是多么绝对地必要！

　　在一个寒冷的日子里，我在第 16 大道一间最破落的、没有多少暖气的房间里找到了莱德尔先生。他过着第欧根尼[1]式的生活，他的样子十分悲惨和邋遢，我在此难以形容，但这是他惟一希望的生活。他有的是钱，可他根本不去考虑。他似乎已不再生活在这个星球上，他已超越了自己的梦幻。

　　他读了那首诗，他衰老的眼睛里留下了泪水。他说："这是一首伟大的诗，但对我过誉了，我不配它。真的，真的，我不值得这番美誉。"

1　第欧根尼 (约公元前 404—前 323)，古希腊犬儒学派哲学家。提倡禁欲主义，号召人们过返朴归真的自然生活。

　　然后，在沉默了很长一段时间后，他说："没想到你不但是个画家，还是个诗人。我去看你画展时人们没有对我提起你是诗人。有一位夫人给我写信谈论你的作品，我一直想给她回一封信，我写了许多信，但都被我烧了。一个人必须等到精神开始运动后才能动笔写信。"

　　他答应坐下来让我画像。

　　他的头长得真好看，极像罗丹的头，只不过头发是蓬乱的。

　　　　　　　　　　　　　　　　　　爱你的　哈利勒

第*96*封信

（1915 年 3 月 14 日，纽约）

　　这里正是春天，亲爱的玛丽，我难以再呆在画室里了。每天我都到公园去散步，我在清静的地方信马由缰，直到夜晚来临。当灯光透过光秃秃的树枝隐现的时候，我才欣然返回。带着笔记本独自去散步，是我在这个城市里所发现的最大乐趣。我在散步时思考着问题，和你作着谈话。

　　生活并不像麦克白认为的那样："它是一个愚人所讲的故事，充满着喧哗和骚动，却找不到一点意义。"[1]生活是一个悠长的思想。但不知为什么，我不希望和别人一起思索。他们的头脑要把思想往一个方向引去，我的大脑却要往另一个方向引去，而一个人的思想只能承受一定的反作用力。玛丽，使我们俩如此亲近的原因之一，就是我们的思想都是朝着同一个方向的。我们并不害怕所谓的孤独。

　　我为莱德尔画了两幅像，有一幅尚未完成，我还要再去他那儿。可是，唉，玛丽，他是多么疲劳和困惫啊！我最近一次

1　见莎士比亚戏剧《麦克白》第五幕第五场。

见他时，他告诉我：他在用他的大脑作画，他再也无法使唤他的双手了。

我在美国诗歌学会朗诵了《狂人》中的两首长诗，随后人们作了长时间的讨论。有些人说那诗是"美妙"的，另一些人称之为"古怪而令人费解"。罗宾逊夫人——西奥多·罗斯福总统的妹妹，在听了《我的灵魂和我到大海沐浴》[1]之后，站起来说道："这诗具有破坏性，用的是恶魔一般的语言。我们的文学中不该鼓励这种精神，它与我们一切形式的道德和真正的美是背道而驰的。"

现在，亲爱的玛丽，我要出门在夕阳里散步了。天气又暖和又晴朗，我要带上笔记本，我要把我无法很好写下的一切向你倾诉。

最亲爱的，愿上帝保佑你。

爱你的　哈利勒

1　《狂人》中一首散文诗的第一句，篇名原为"大海"。

第*97*封信

（1915 年 3 月 16 日，纽约）

亲爱的玛丽：

　　你寄来这笔钱，是因为存在我的名下更方便呢，还是想在你给过我的那么多钱上再加上一笔呢？

　　要知道，玛丽，我已有的钱几年都花不完。你已完全让我摆脱了日常生活的烦恼，我确信在未来也不用为此烦恼。我知道我不必担心生活之计，所以我愿意为了你方便的缘故把这笔钱存起来。钱还是属于你的。

　　我的模特儿来了，我将要作一幅大型的画，这是我在考虑的七幅画中的一幅。或许需要几个月时间我才能完成这个系列，也许我们将称它为"向着神灵"。

　　　　　　　　　　爱你、爱你的　哈利勒

第*98*封信

（1915 年 4 月 18 日，纽约）

亲爱的玛丽：

　　是的，玛丽，那两天——星期六和星期天——实在是太有意思了。通过谈论过去，我们常常能使现在和未来更加清晰和坚实。长期以来，我对揭开往事的面纱总有一种黑色的顾虑，由于缺乏直接和坦率的气质而造成的顾虑。如果我有勇气诉说痛苦，那该有多好啊！我在沉默中受着折磨，而沉默有时会让折磨更加深沉，因为沉默本身就是深沉的。对于大多数人来说，不说出来倒更为自在。因为只要他们一想表达，就会把事情弄糟，这已成了规律。但对于我们来说，情况却相反。言谈拂净了我们身上落满灰尘的角落，使我们越来越紧密。我们都喜爱的惟一一种沉默，就是理解带来的沉默。其他的沉默都是残酷的。

　　愿上帝祝福你，亲爱的玛丽。愿上帝保佑你和我。

爱你的　哈利勒

第 99 封信

（1915 年 5 月 23 日，纽约）

　　我可以告诉你，亲爱的玛丽：你在最近的几封信里谈起你的工作，我听来是多么高兴啊！我一直想说，你的工作，是生命在创造生命，但我并没有表露出来，我认为你也不希望我说出来。现在，既然你这么说了，我觉得一件大事完成了。在我们会面时，我们一定要好好讨论一番——不是作为一件新的事情，而是作为一件新近意识到的旧事。玛丽，我一直在想，所谓启示，不过是发现了我们自身中已有的一个成分，它存在于我们更大的自我中。这个自我能了解我们所不了解的，能感受我们所感受不到的。我们称之为"成长"的过程，不过是对这个更大自我的认识而已。

　　上帝祝福你，亲爱的玛丽。

　　　　　　　　　　　　　　　　　　　　爱你的　哈利勒

第100封信

（1915年7月17日，纽约）

亲爱的玛丽：

　　你和我，以及所有那些生来便对生命有着一种渴求的人们，是不会试图通过深沉的思考和更深沉的感觉，来感触其他世界的外部边缘的。我们惟一的愿望只是发现"这个"世界，并与它的精神同在。这一世界的精神，虽然在不断变化和生长，但归根结底还是绝对的精神。

　　往昔的圣徒和贤哲，很少有在这个世界的神灵面前出现的，因为他们从未将自己奉献给生活，而只是注视生活。而先前伟大的诗人，却一直与生活同在。他们没有去探寻生活中的某一枝节，也不想去穷究其中的奥秘；他们只是允许自己的灵魂被生活主宰，操纵，拨动。智者和贤人总想追求平安，——有时他们也会得到平安——但平安就是终结，而生活是没有终结的。已逝去的对一切都不作追究。人的天国不是涅槃。他的愿望只是变为一管芦笛，一支箭矢，或一只杯盏。当他变为这些时，他突然发现自己站在上帝的面前。他成了这个世界的发现者之一。他发现这世界不仅为了自身，也为了那些生来便有愿望聆听他的人们。

　　玛丽，你最近的来信，是我读到的最出色的来信。它表达了那种发现这个世界、无遮掩地注视这世界的神圣的愿望，而过正是生活之诗的精魂所在。诗人不只是那些写诗的人，也是那些心中充满了生活之精神的人。

　　这些日子城里的天气暖融融的，我每天都到公园或树林里去，但我工作得不多。不知为什么，人的梦想在夏天不是那么活跃，但梦想和思想生发起来是又快又好的。

　　　　　　　　　　　　　　爱你的　哈利勒

第*101*封信

(1915年8月2日，纽约)

　　一切都很顺利，亲爱的玛丽，一切都很好。尽管我们很难完全从过去中脱离开来，但我们总不该生活在过去之中。你和我，是能够回首过去的，就像一个人注视着在痛苦中怀孕了自己、在痛苦中生育了自己的母亲的愁容一样。

　　是的，我们经历了长达五年的大痛苦，但这五年是极有创造力的五年。我们度过了这些岁月，虽然我们的身上留下了深深的伤口，但我们的精神变得更加强健和质朴了。是的，我们的精神更加质朴了，对我来说这是件伟大的事情。人类生活中一切悲剧的过程，包括目前的这场战争，都在促使人类的精神向着更加质朴发展。我觉得，上帝在一切力量中是最为质朴的。

　　玛丽，你知道，每一个人与他人的关系是可以按照思想、感情和行为划分为时节的。过去的五年是我们友谊中的一个时节。我们现在处于一个新时节的开始，这个时节里少了一些乌云，但或许更富有创造性，更渴望追求质朴。

　　谁能够说："这是一个好时节，那是一个坏时节？"所有时节对于生活都是自然的。死亡本身也是生活的一部分。尽管在过去的五年里我死去过多次，但死亡的痕迹却不曾留在我的身上，我的心里也没有存着苦痛。

哈利勒

第102封信

（1915年8月6日，纽约）

亲爱的玛丽：

下周我要去波士顿。我将在那里等候你过来。

这些日子过得颇为平淡。你走后我没有用英文写过一个字，写的几句阿拉伯文也是古里古怪而让人痛苦。

莱德尔在医院里病得厉害，无论在体力和脑力上都很虚弱。但我喜欢坐在他身旁，和他交谈。

一千次感谢你的画册，我们见面时可以谈谈它。

愿上帝祝福你。

爱你的　哈利勒

第*103*封信

（1915 年 8 月 20 日，科哈西特，马萨诸塞州）

　　这个地方很美。它位于茂密的丛林和深湛的大海之间。我在树木的绿荫下长时间地散步。纯净的空气，开阔的空间，令人神清气爽的宁静，都让我的精神更加振作。在波士顿呆过几天后，我想再回到这儿来。

　　愿上帝永远祝福你。

爱你的　哈利勒

第*104*封信

(1915 年 10 月 6 日，纽约)

亲爱的玛丽：

是的，通过无线电从远方进行交谈确实是件了不起的事情，这将大大拓展人类的灵魂。

其实人类经常通过另一种"无线"的方式交流——这种方式将一切真实的信息从地球的一个角落传到另一个角落。人的潜意识是常常按照这一信息行动的。在印度发生的大事能被埃及人的灵魂觉察到。灵魂所知道的事物，往往也能被另一个有灵魂的人所知。我们比我们所知道的自己要深奥得多。

拉斯金、卡莱尔、布朗宁等人在精神的王国里不过是些孩童，他们都是说得太多。布莱克[1]则是一位神人，他的绘画是英语国家迄今为止最为深刻的作品；而他的见解，姑且不谈他的绘画和诗歌，也是最具神性的。

现给你寄来一幅画作，有可能的话请把它放在玻璃框里。这

---

1 布莱克 (1757—1827)，英国著名诗人及画家，对纪伯伦产生过很大影响。罗丹曾称纪伯伦为 20 世纪的布莱克。

张画所用的纸不是太好，不能受压。玛丽，我不止一次试过重画
一张你喜欢的那幅头像，但总是不成功。我还会再试试的。

爱你的　哈利勒

第*105*封信

(1915 年 10 月 31 日，纽约)

亲爱的玛丽：

我无法做很多工作。在我的内心正集聚着那么多的东西，我却发现我的双手凝滞静息了。生活是深邃、高昂而丰富的，我正忙于从生活中啜饮而无暇他顾。但在这取饮的阶段过后，当天气变冷而无法外出散步时，我会工作、工作、再工作的。

爱你的　哈利勒

第*106*封信

（1915 年 11 月 21 日，纽约）

亲爱的玛丽：

　　我在心里保留着你上次来访时对我说过的一切。我们之间存在的，是和生活的绝对性一样的事物，它永远在更新，永远在生长。玛丽，你和我，都能理解彼此更大的自身。对于我，这是一生中最为奇妙的事情。

　　　　　　　　　　　　爱你的　哈利勒

第*107*封信

（1915 年 12 月 9 日，纽约）

　　对你寄来这些精彩的图书，我要致以一千个感谢。这些书正是我所需要的。我还从未对一门学问像现在对天文学这样感兴趣过。这是人类应该研究的一门科学。人类是狭隘的，他们的想像力非常有限，他们都需要学习天文学来超越部落、种族和国家的局限。当这个星球上的所有人都能意识到还存在着另外的世界和另外的天体时，那些导致了所有战争，给人类造成了种种麻烦的狭隘的利害关系，就将不复存在。

　　我每天都在工作。在这个冬天，许多东西将从我的心里涌溢出来。噢，玛丽，但愿我能撕开我的胸膛，随心所欲地掏出一切。人类的双手是笨拙、羞怯而无知的。我们的心胸要胜于他们的想像，在他们的想像和我们的双手之间隔着一千道屏障。当一个人工作着、表达内心的感悟时，他便处于一种永恒的分娩状态。这是自身的一种每日重建，而正如你所说的，昨日，是远在一千年以前的日子。

　　每当我读到你的来信，读到你那些甜美而亲切的来信时（有时我觉得你的信是为别人而写的），我似乎感觉到一株植物正在阳光下生长，而我也忘却了自己的影子。你想过吗，玛丽？有一天我会成为那个配接受这些信的人的，这是出自我肺腑和灵魂的心愿。

爱你的 哈利勒

第108封信

（1916年1月6日，纽约）

亲爱的玛丽：

你寄来的漂亮的罩衣和围巾已收到，又舒服又暖和。可是，玛丽，你不该寄罩衣来的，我这儿取暖的东西已经够多了，而你自己却没有。

我正在考虑写东西，考虑用一种形式来表达改变了我内在生命的那个思想：上帝、地球和人的灵魂。有一个声音正在我的灵魂里形成，我正在等待着词语。我现在的期望就是能找到一种恰当的形式，给思想穿上一件合适的外衣，让人们听起来悦耳。玛丽，这世界是饥渴的，如果我的这个思想是食粮，它会在世人心里找到一个位置；如果它不是食粮，那它起码能使这世界的饥渴变得更深沉、更高尚。对人类谈起上帝是美好的。我们不可能完全领会上帝的本质，因为我们不是上帝，但我们可以准备好我们的悟性去领会，可以表露我们对上帝的认识。

玛丽，我来到你身边是想听到你的一句话：你能答复一封信，一封短信，谈谈你对这个观点，对这个正在驾驭我、正在燃烧着的想法的真实见解吗？

爱你的　哈利勒

第109封信

（1916年1月30日，纽约）

亲爱的玛丽，这个观点，这个对上帝的新认识，正在日夜萦绕我的脑际，令我无法思考别的任何东西。我只能与它相伴，受它的驱动。在我睡眠的时候，我身上有一种意识还在警醒着，它跟随这个念头，从中接收更多的启示。我的眼里似乎保留着上帝缓缓降临的情景。我看到"他"像云雾一样从大海、山峦和平原升起，如同刚降生了一半、带着一半的知觉那样升起。在那个时候，"他"自己也不完全了解自己。数百万年过去了，"他"才根据自己的意志开始活动，用自己的力量，通过自己的愿望，追求更充分的自身。人类来临了。"他"寻求人类，一如人类及人的灵魂在寻求"他"。人对"他"的寻求起初是没有意识、没有知识的，后来人有了意识却没有知识去寻求"他"；而今，人将要带着意识和知识去寻求"他"。

上帝不是人的创造者，上帝不是大地的创造者，上帝也不是人和大地的统治者。上帝愿人和大地变得如"他"一样，变为"他"的一部分。上帝在自己的愿望中生长；人和大地，以及大地上的万物，都藉着愿望的力量向着上帝升腾。愿望是改变万物的内在力量，是一切事物和一切生命的法则。

　　　　　　　　　　　　　　　　爱你的　哈利勒

第*110*封信

(1916 年 2 月 10 日，纽约)

你知道吗，亲爱的玛丽：我在银行里的储蓄足够我开销一年的？你又在赐予我，又在给我无量的恩赐。

玛丽：我现在深深地陶醉在欢乐之中，我的白昼和黑夜都被燃烧的喜悦包围着，我的心一直渴望的东西现在与我同在。我爱生活，爱生活中的一切。你是知道的，玛丽，以前我对生活从未深爱过。在过去的二十年里占据我心头的，只是那种对未知事物的迫切渴求。

但现在不同了。无论我去到哪里，无论我做什么，我都能见到同一种强大的力量和同一种强有力的法则，它使各种元素成长为灵魂，又让灵魂接近上帝。

灵魂是自然界里新近发展起来的一种元素，它与别的元素一样，也有自己固有的特性。具有感悟性，追求更充分的自身，渴望自身以外的事物，如此等等，便是灵魂的特性，是事物的最高形态。

灵魂追求上帝，犹如热气向上升腾，河水流向大海一样。追求的力量和追求的愿望是灵魂固有的特性。

灵魂决不会迷失其道路，正像水不会流往高处。

一切灵魂都将在上帝身上体现。

灵魂到达上帝时，不会失去其固有特性；盐在大海里是不会失去其咸味的，它的特性是固有而永恒的。灵魂将保持着它的感悟力，保持它对更充分自身的渴求、对自身以外事物的欲望。灵魂将永远保持这些特性，并将同自然界其他元素一样保持其绝对性。绝对的事物还要追求更多的绝对性和明确性。

当灵魂到达上帝，它能意识到自己与上帝同在，意识到它与上帝同在时还在追求更充分的自身，意识到上帝也在成长，也在追求，并变得更加明确。

爱你的　哈利勒

第*111*封信

（1916 年 3 月 1 日，纽约）

亲爱的玛丽：

　　我现在无法详尽地说出充满我的心和灵魂的一切。我觉得自己像是隆冬季节里一块播撒了种子的田地。我知道春天正在来临，我的溪涧将要流淌，在我身内冬眠的小小的生命，在听到召唤时将要破土而出。

　　沉默是痛苦的，但是在沉默中事物具有了形态。我们必须等待和观察。在我们身上，在我们内心隐秘的深处，有一种全知的元素，能够看到并听到我们看不到、听不到的事物。我们全部的理念，我们做过的一切，我们今天所有的一切，都曾经栖身在这全知的、默默的深处，栖身在灵魂的这个宝库里。我们比我们想象的、比我们了解的自己要更为丰富。在我们无所事事的时候，或在我们以为自己无所事事的时候，这个比我们想象的、了解的自己更为丰富的自身，总在追求着为自身增加着新的成分。然而，意识到我们内心深处正在发生什么，也就是助长着它的发生。当潜意识变为有意识，被严冬深埋在我们心田里的种子，就会结成花朵，我们身内沉默的生命就会放声高歌。

我们的生命揭示着许多我们不知道的道理，然而只有死后的复生，才能揭示一切。

约翰·曼斯费尔德下星期要来见我。我要为他画幅像。他是个和蔼可亲的好人。

愿上帝祝福你，亲爱的玛丽。

爱你的　哈利勒

第*112*封信

（1916 年 4 月 9 日，纽约）

亲爱的玛丽：

当一个人的灵魂栖身在跳动的思绪之领地时，他就失去了言语的能力。但我却一直在和你交谈着，我也一直知道，你是能感觉到我们在一起散步、一起谈话的。人必须要有朋友，能在寂静的夜晚和他在花园里徜徉漫谈。你就是这样的朋友，亲爱的玛丽。

我所有的时间都用来工作，尽可能少见外人。横亘在人们和我之间的鸿沟，现在愈加扩大了。有时候我对自己说："这鸿沟是由我的什么错误造成的。当这个错误改正过来，我会对所有人非常亲近的，或许还将怀着一种新的爱去爱他们。"

爱你的　哈利勒

第 *113* 封信

(1916 年 5 月 10 日，纽约)

亲爱的玛丽：

昨天我写了两则寓言，现寄来请你修改并提意见。最近我写了不少——都是用阿拉伯语写作。我应该尽可能多地在《狂人》里加一些东西。也许我会在今年夏天把它交给出版商。

这两则寓言是：

一、我父亲的花园里有两个笼子，一个关着头狮子，是父亲的奴仆从尼拿哇大漠带来的；另一个笼里关着一只辍歌多时的麻雀。

每日黎明，麻雀都要招呼狮子："早上好啊，囚徒老兄！" [1]

二、在圣殿的蔽荫处，我和朋友见到一位寂坐的瞽者。朋友

---

1 此处英文原文如下：

In my father's garden there are two cages. In one <u>there</u> is a lion, which my father's slaves brought from the desert of Nineveh; in the other <u>cage</u> is a songless sparrow.

Every day at dawn the sparrow calls to the lion:"Good morrow to thee, brother-prisoner."

玛丽在回信时删掉了两个字 (文中加横线处)。

告诉我，他是本地最有智慧的人。

我撇下朋友，走到瞽者前打个招呼，同他交谈起来。

言谈间我问道："请原谅我的冒昧：您自何时失明？"

"我生来是个盲人。"他答道。

我说："我是个星象学家。"

于是他把手对准胸口，说："我观察的是这里的太阳、月亮和星辰。"[1]

这两则寓言里如有不妥之处，你可以告诉我吗，亲爱的玛丽？

爱你的　哈利勒

1　此处原文如下：

In the shadow of the tempie my friend and I saw a blind man sitting alone.

(And) My friend said to me, "Behold the wisest man of our land."

(Then) I left my friend and approaehed the wise man and greeted him. Then (And) we conversed.

And after a while I said, "Forgive my question; but since when hast thou been blind?"

"From my birth," he answered.

Said I, "I am an astronomer." Then he placed his hand upon his breast(,) saying, "I watch these suns and moons and stars."

玛丽在回信时增加了三个字和一个标点（见括号内），另删去了两处（文中加横线处）。纪伯伦在发表这则寓言时又作了一些改动。

第114封信

（1916年5月16日，纽约）

亲爱的玛丽：

你喜欢这两则小寓言，我太高兴了。谢谢你作的修改，你删去的字确实是多余的。在我脑子里还有其他一些寓言，但我似乎不知道如何用语言表达。英语并不适合写寓言。不过当一个人用不好自己的工具时，他总要找找工具的毛病。毛病在我自己身上，但是我会学习用英语写作的。自从上帝的想法占据我的大脑以来，我几乎丢掉了我原本的一点点英语知识。我曾经常用的一些词汇，现在也要绞尽脑汁去搜索。我真正需要的是精神上较长时间的休息——还需要莎士比亚！

不，玛丽，死亡并不改变我们，它只能解放我们身上真实的东西：我们的意识，以及潜伏在我们意识里的群体性记忆。在飞机上人看到的大地与平时不同，但观察者并没有换上新的眼睛。人的意识是无穷的过去所结的果实，无穷的未来将使这果实成熟，但却不会改变其特性。

愿上帝护佑你，亲爱的玛丽，愿上帝永远祝福你。

爱你的　哈利勒

第 *115* 封信

（1916 年 6 月 11 日，纽约）

亲爱的玛丽：

　　一个叙利亚救助委员会成立了。我作为该委员会的书记，在这个夏天里不会有什么个人生活了。这个责任事关重大，但我会承担下来的。大悲剧能开阔人的心胸。我还从没有得到这样的机会，以这种工作来为我的人民服务。我很高兴能作一些服务，我觉得上帝会帮助我的。

　　我不知道今后会有什么遭遇，我只应将自己交付给生活。

　　基坎纳[1]的死是一个极大的报应，但似乎英国人要过很长时间才能理解事件的本质。我担心他们永远不会把他的死视为献给其事业的最终礼物。英国的国民自负感必须消逝，这样英国才能在这场战争中做些真正伟大的事情。在英国惟独能够以一种博大的方式明白事理的，便是英国的诗人们，但他们从来得不到机会，像其他国家的诗人那样报效自己的祖国。

1　基坎纳 (1850—1916)，第一次世界大战中英国陆军大臣，1916 年他乘坐的舰艇被德国鱼雷击中，他本人阵亡。

英国必须死去，然后英国才能在甲壳之外生存。

爱你的　哈利勒

第*116*封信

（1916年6月14日，纽约）

　　谢谢你，亲爱的玛丽，谢谢你。但现在没有什么需要你做的，玛丽。委员会的工作进展得很顺利。我们有很多男女同事，做着各种各样的工作。

　　我们现在面临的最艰巨的工作，就是让全体叙利亚人都来帮助生活在黎巴嫩山上的人们，然后力争土耳其政府的同意，把食物援助运到国内。我们可以借助美国政府来完成这项工作。亲爱的玛丽，我希望我能多写几句，但是，正如你所知，我的生命现在不是属于我个人了。

　　　　　　　　　　　　　　爱你的　哈利勒

第*117*封信

（1916 年 6 月 29 日，纽约）

亲爱的玛丽：

让北美所有的叙利亚人来一起工作，是需要耐心的。我们面临的最困难的事情，就是把食物援助运到黎巴嫩山里去。我们现已确信，土耳其政府想让我们的人民忍饥挨饿，因为在那里的我们一些领袖在想法和精神上都和协约国[1]一致。美国政府是世界上惟一能够帮助我们的力量。华盛顿的国务院向我强调：政府确实在利用其得力的机构，以改善叙利亚的状况。不过你是知道现在华盛顿的情况的，这里有那么多世界性的难题、有那么多麻烦需要解决！

我以你的名义给救助委员会捐赠了一百五十美元，这是迄今为止美国人捐助的最大一笔款项。

阿拉伯半岛的革命真是一件了不起的事情。在阿拉伯世界以外，没有人能知道这革命是多么成功，也不会知道它会走多远。但掀起了一场革命这一事实，正是我在过去十年里梦寐以求并为

1　在第一次世界大战期间，土耳其是同盟国的成员。

之努力的。如果阿拉伯人能得到协约国的帮助，他们不但能建立一个王国，还会给世界作出一点贡献。玛丽，我是了解阿拉伯人灵魂的真面目的。没有欧洲人的帮助，他们就不会组织起来；但是，阿拉伯人却有着其他任何民族所没有的一种人生观。

爱你的　哈利勒

第118封信

（1916年8月22日，纽约）

亲爱的玛丽：

这里的天气热极了，可我总是无法从此地脱身。但我一定要出去一下，而且会尽快成行的。我十分需要改变。当你在一个救助委员会工作，你会沉浸在比舒适更甜美的感觉里。你收到的每一个美元都带来了一点生命的气息，你会感到内心世界变得特别温柔与和蔼。我确信你是能明白这一切的。

果然，土耳其不许在叙利亚进行救助工作，但是我们可以寄钱去分发给穷人。感谢上帝，今年的收成确实不错，但是人们却急需钱。在叙利亚的美国人可以分发我们寄去的一切，美国政府如果愿意也可以做许多事情。不过最难做的事情（最难做的事情也往往是最正确的），就是在这个只计较局部利益、局部愿望、局部道义的年代里，成为一个超凡脱俗的超人。

爱你的　哈利勒

第*119*封信

（1916 年 11 月 5 日，纽约）

亲爱的玛丽：

　　美国海军给了委员会一条轮船，我们正和美国红十字会合作，尽量把食物装满轮船。我想这船货的总价值将不少于七十五万美元。玛丽，所有这一切，意味着工作、工作、夜以继日的工作，但这绝对是我所从事的最出色的工作。

　　自我从科哈西特回来后，我一直很忙，忙得没完没了。我还从未这么珍惜过时间，这么珍惜分分秒秒。在救助工作上浪费一分钟，就是浪费一次机会。当成千上万个受难者的呼救声充满你的灵魂，谁也无法让任何一个机会白白浪费掉的。

　　　　　　　　　　　　　　　　爱你的　哈利勒

第120封信

（1916年12月19日，纽约）

亲爱的玛丽：

愿上帝祝福你，祝福你那封吉祥的来信，祝福里面的每一个字，祝福字里行间流露的圣洁的精神。也愿上帝让我配得上这一切。

当生活之手显得沉重，当夜晚寂然无歌，便是去爱和信任的时候了。而当一个人在爱着一切、信任一切的时候，生活之手又变得多么轻盈，夜晚又变得多么富有乐感！

我也经历了一个"分娩"的阶段，一个痛苦的、具有创造力的、而又充满疑惑的阶段。有几次，生活之手似乎像大山一样压在我的胸口。但我现在知道，每一样重负都是缚在翅膀上的，我还知道，正是大饥渴使这翅膀动弹不得。

我一直在准备画展，重画一些旧作，甚至自己制作画框。我们把开幕的日子从1月15日改为1月29日，这个变动从各方面来说都是有利的。29日离节日不是太近，是这个季节的中心（这是人们的说法）。如果我在10日前能把一切安排就绪，我也许会来波士顿逗留一段时间。但如果我正在工作兴头上，我就会呆在这里继续工作。我必须把没有创作的几个月弥补过来。现在我每周只去一次救助委员会的办公室，但我仍然担任书记的职务。

我见到了泰戈尔。他外表很美，与他相处也很愉快，但他的声音让我失望，没有底气，听他的声音让我觉得他的诗不那么真实了。

噢，能得到一块真正的、完整的、1英寸长、2/3英寸宽的陨石[1]，这真是太好了！玛丽，我想得到它，胜过世界上的任何东西。当它寄到时，我要捧着它，我知道我手捧的是来自千百万里以外的东西。谢谢你，玛丽，谢谢你！

爱你的 哈利勒

---

1 玛丽当月17日给纪伯伦的去信中提及要送他一块陨石。

第 *121* 封信

(1917 年 1 月 3 日，纽约)

亲爱的玛丽：

那块陨石，珍贵的陨石，是我所曾得到的最美妙的东西。它激发了我的想象力，让我神游于太空之间，并使浩渺无穷的事物变得近在眼前，我的灵魂对它也不那么陌生了。我每天都把这陨石捧在手里赏玩，而在每一次都衷心地为你祝福。

泰戈尔在演说中反对民族主义，但他的作品却并没有表达出一种世界意识。他是一位具有印度的一切柔美和魅力的印度人，尽管他对生活的福祉津津乐道，但他并未把生活看成一种不断成长的力量。对于泰戈尔，上帝是一个完美的存在，一切智者都栖止在上帝的完美中。而在我看来，玛丽，完美就是有限，我无法服膺完美，恰似我无法服膺空间或时间会有终结一样。

爱你的　哈利勒

第*122*封信

（1917 年 1 月 12 日，纽约）

亲爱的玛丽：

现再寄来一则小寓言[1]——如有空请审读，并润色一下英语表达。你看，玛丽，我也来上你的学了。如果不是为你的缘故，我是一句英文也不去写的。

关于上帝的诗是打开我一切情感和思想的钥匙。如有必要我会改变现在的形式，因为我想让它变得朴素明了。但我还要等待，想知道你到底有什么意见。

这则小寓言，也是我从去年的见闻中所得。但光有这些即兴短作还不够，宏大的思想需要一种宏大的方式表达。我的英文还很有限，但我会学习的。

我在不停地工作。玛丽，凭着上帝的襄助，凭着你的祝福，我会让我心中小小的火花发光的。

爱你的　哈利勒

1　根据玛丽的回信，这则寓言应是《三只蚂蚁》。

第*123*封信

（1917 年 1 月 31 日，纽约）

亲爱的玛丽：

　　我想让你来这里看看这些画，如果没有你的祝福和你的爱意，我是画不出这些作品的。

　　这个星期五晚上我已有约会，要和人共进晚餐。我们可以星期六一起吃饭，然后如往常一样，一起过个星期天。

　　编辑《七类艺术》[1]以及办这次画展，让我的日常生活又充实又忙碌。噢，这一切是多么美妙，即使在我不工作的时候，即使在我身体那么疲劳的时候！生活是甜美而丰富的，在痛苦的时候也同样丰富。

　　你在星期五或星期六给我打电话好吗？我现在有了自己的电话，再也不必成天楼上楼下来回奔跑了！电话号码是：彻西区9549。

　　　　　　　　　　　　　　　　　爱你的　哈利勒

1　纪伯伦担任编委的一份英文杂志。

第124封信

（1917年10月14日，纽约）

亲爱的玛丽：

上帝祝福你，祝福你那封可爱的来信。

你谈起的有关哈斯凯尔学校的一切都很美妙。这种精神，这种在无声中作着述说的若隐若现的"存在"，对于一个学校、一个家庭、一个国家乃至全世界，都是最伟大的现实。向着那个"超存在"靠近的生活，是惟一值得的生活。"家庭的上帝"，乃是全家人活生生的、成长着的神圣的愿望。哈斯凯尔学校的"青春之光"，其实就是你更大的自身，是你的教师们和姑娘们更大的自身。

愿那怀有爱心而又可爱的青春成长得更为强劲有力！玛丽，我这次寄上的两则寓言[1]，写得很仓促，因为想随信一道寄来。你能给改动一下你不喜欢的地方吗？你能把生涩的英文改得不那么生涩吗？谢谢你，玛丽。

　　　　　　　　　　　　　爱你的　哈利勒

1　根据玛丽的回信，两则寓言应是《梦游者》和《两夫子》。

第*125*封信

（1917 年 10 月 31 日，纽约）

　　是的，亲爱的玛丽。我们在不知不觉中知道着，我们无意识地在按照我们内心深处的意愿生活，而我们的外在对此并不理解。我们内在的真正的东西，是和呈现在我们外部的真正的东西并存的。即使在我们怀疑的时候，我们并不在怀疑；即使当我们对生活说"不"的时候，我们内心的某样东西却在说"是"。"不"只被人听到，"是"却被上帝听到。

　　你为那两则寓言赋予了它们需要的一件东西——毫不造作的纯朴。或许我可以把写《两夫子》的本意告诉你，这样我们也许会给它另一种形式。我脑子里还有其他一些寓言，我们可以一起把他们写下来。

爱你的　哈利勒

第*126*封信

（1917 年 11 月 15 日，纽约）

亲爱的玛丽：

　　谢谢你寄来的糖和书，我会格外感恩地消费这两样物品的。

　　不知道为什么，我从没有从阅读有关性的书籍中得到完全的享受。这或许因为我好奇心不够，或许因为我生性羞怯。但我现在愿意知道太阳和月亮底下的一切。因为一切事物其本身都是美的，而且被人理解后会变得更美。知识是生长着翅膀的生命。

爱你的　哈利勒

第*127*封信

（1917 年 11 月 25 日，纽约）

亲爱的玛丽：

　　请你审读、润色、修改一下这首献给罗丹的散文诗好吗？还希望你能尽快寄回，如可能，请于星期二上午寄出，这样我可以把诗连同我为这位伟人画的像一起发表。

　　这首诗是我在上午写的，我不能让这个事件[1]过去而我却没有一点声息。

爱你的　哈利勒

1　罗丹于 1917 年 11 月 17 日去世。

第*128*封信

（1918 年 1 月 21 日，纽约）

亲爱的玛丽：

我还从没有经历过像上星期那样的一个星期。那么辛苦，事务那么繁多，又是那么美好！我回来之后，见到了堆如小山的来信，还有堆积如山的亟待我完成的事情。

那个诗歌之夜是真挚、热情而充满了真正的生机的。战争正在改变人们的灵魂，它将人们的冷漠变为饥渴，使他们对以前从未想要的东西产生了愿望。

许多人要我去这个协会或那个俱乐部朗诵诗。我甚至还收到一份要我去芝加哥诗歌学会朗诵的请柬。他们说要付我五十美元，并支付铁路旅费。

昨天晚上我和罗宾逊夫人共进了晚餐，并为一群人作了朗诵。罗宾逊夫人是西奥多·罗斯福[1]的妹妹，她说（非常）想让我到她家里见一见罗斯福。后来我想，到时我会请他坐下来给他画幅像的。

1　西奥多·罗斯福 (1858—1919)，美国第 26 任总统。

　　天冷了，玛丽，看来又一个严寒期要来临了。但我会设法把家里搞得温暖舒适的。上帝在许多方面都厚待了我，我并不配上天的如此厚爱！

　　现寄去两幅水彩画。我是看中了画的色彩，因为你的墙壁需要色彩点缀一下。它还不是太裸露，不至于引起波士顿任何人的不快——我指的是这两幅画，而不是你的墙！

爱你的　哈利勒

第*129*封信

（1918 年 2 月 5 日，纽约）

亲爱的玛丽：

　　我很高兴你喜欢这两幅水彩画，现再寄上两幅。那幅较大的画——《上帝和人》，完成以后也是你的。你如此喜欢的画，是谁也不该、也不能拿走的。

　　另寄上一则新写的寓言[1]。写得很粗糙，也不好。请你修改一下英文并于本周内寄来好吗？我正在搜集所有的寓言和散文诗，或许能让某个出版商出版。

　　诗歌学会为我举办了一次我从未经历过的美妙的晚会，我第一次遇到如此的盛情，如此的慷慨，以及如此真正的兴趣。在冬天过去之前我还要再朗诵一次——他们说要给我整个一晚上的时间！

　　星期天我在罗宾逊夫人家里为一群出色的听众朗诵了诗作。本来已安排我在茶会上见一见西奥多·罗斯福，但他因患重感冒而卧床不起，而零下十度的低温也让我缩在现在的角落里。

1　玛丽的回信中未提及是哪则寓言。

向人们谈论、朗诵诗歌，给我带来了许多真正的乐趣。在过去三年里，人们有了很大的变化，他们渴求美，渴求真理，渴求那与美和真理相随、又超越了美和真理的事物。

爱你的　哈利勒

第*130*封信

（1918年2月26日，纽约）

亲爱的玛丽：

　　这些日子真不容易。当好日子来临的时候，我们学到的东西是有极大价值的。玛丽，生活太厚爱我了，我只能祈盼她也同样顾眷别人。过分的优待反而常常令我不快，因为千千万万的人们还在遭受生活的苦难。

　　星期二我要在美国诗歌学会作演说。在朗诵之前该说些什么，我一点都没有概念。而只有面对听众，我才能产生灵感。计划、安排对我总是不起作用，我只有把自己托付给"精神"，而这"精神"总是慷慨的，而且有海的涵量。

　　　　　　　　　　　　　　　　　　爱你的　哈利勒

第*131*封信

（1918 年 3 月 10 日，纽约）

亲爱的玛丽：

　　在诗歌学会的演说很成功。会场高朋云集。太多的赞誉会让人奇怪地产生渺小的感觉——我真的有渺小的感觉。他们最喜欢的是《上帝》这首诗。

　　我买了一套冬装——又是棕色的，我还买了几件衬衫、一副手套和其他用品。

爱你的　哈利勒

第*132*封信

（1918 年 5 月 29 日，纽约）

亲爱的玛丽：

　　现寄去第十二篇"箴言"——《论买卖》[1]。只希望你能读一下。另寄上一首小诗[2]，一切由它自己来说明，但或许它什么都说明不了！

　　上个星期天，在道格拉斯·罗宾逊夫人家，我和洛奇参议员、利奥纳多·沃德将军以及红十字会的外科主任医生兰伯特博士，一起用了晚餐。我们谈起了战争。沃德将军的故事打动了人们的内心。他具有一种当今极难得的魄力，但没有得以施展。星期天以后，我读到报导，说他不会再去法国任职了。整个事情让我颇为难过，我产生了给他写一封长信的念头。兰伯特博士在法国的经历惊心动魄，他口才很好，描述起这段经历来绘声绘色。洛奇参议员正在写一篇论莎士比亚剧作《暴风雨》的论文。

　　出版商 ALFRED　KNOPF 想出版我的《寓言集》，我还没有同他讨论过。等我见过此人后一定把有关事宜告诉你。

爱你的　哈利勒

1　这里的"箴言"指纪伯伦正在创作的《先知》，《论买卖》为其中一章。

2　根据玛丽的回信，这首诗为《挫折》。

第*133*封信

（1918 年 6 月 1 日，纽约）

亲爱的玛丽：

　　你有空的时候能把这些也读读吗？我把这些作品寄来，是因为我想让你知道一切，还因为我永远需要你的帮助。

爱你的　哈利勤

第*134*封信

(1918 年 6 月 5 日，纽约)

亲爱的玛丽：

我觉得在这篇"箴言"里会有你喜欢的东西的，尽管我知道它本应该写得更好些。或许其中话过多了！或许在形式上还不够朴素。但我确信，在经过你智慧的手之后，它会变得朴素的。

你很繁忙，寄来这些东西希望你不要介意。不是在有闲的时候，请你不要动脑筋考虑这些东西。

爱你的　哈利勒

第*135*封信

（1918 年 6 月 11 日，纽约）

亲爱的玛丽：

祝福你那双能明鉴"箴言"的灵与肉的慧眼，祝福你慷慨施予的双手。

我把三篇"箴言"按它们离开你的妙手时的样子给你寄回，我知道这正是你所喜欢的。在《论房屋》一篇里，眷写时遗漏了动词"繁殖"（breed），当然那句话应读作："the unholy spirit breed (or hide) in cells unvisited by sun and air."[1] 在这同一篇里，如果用"and bees build not their hives on mountain peaks"[2] 来替代"butterflies flutter……"[3] 这句，你觉得如何？

我不知道"迷人的丛林"有"愉悦的幻觉"或"虚幻的快乐"之意。我原只想表达这丛林是真正令人心旷神怡的意思。玛

1　译文："不洁的精灵在没有阳光和空气光顾的洞穴里繁殖（或藏匿）。"

2　译文："蜜蜂不会在山巅之上筑巢。"

3　译文："蝴蝶振翅……"

丽，你是否觉得应该考虑人们通常的理解？

我很高兴你喜欢《爱情》[1]这首诗。我的三、四位诗人朋友认为，它是我用英文创作的最好的诗歌。在抄寄给你的诗里，有一句是"让我死亡、灭迹"，请你作一点修改。当然，这份由你保留好了，我另有一份。

美国诗歌学会请我讲讲惠特曼和他的影响，我说等到冬天再讲。我正尽量不去做一个"谈论者"，有那么多人比我更擅长做这种事。我宁愿在画室里沉思。

爱你的　哈利勒

1　指后来收在《先驱》中的一首自由诗。

第*136*封信

（1918 年 6 月 21 日，纽约）

亲爱的玛丽：

　　KNOPF 先生和我讨论了出版我的小书《狂人：他的寓言和诗歌》的一切事宜。昨天签了合同，并当着我的面把卷首插画交给了镌版工。书将在 10 月中旬问世。书中附有包括卷首插画在内的三幅画。

　　过去的两个星期里我做了许多事情。为叙利亚而做的工作和我自己的工作之间有着鸿沟，我每天都必须跨越，这也正是让我疲惫的事情。不过明天起我就要痛痛快快地休息了。首先我要去拉伊[1]住几天，然后我将去长岛。在休息的时候我或许还可以继续写我的"箴言"。当然，只要写成后我就会寄给你的。

爱你的　哈利勒

1　纽约州东南部海滨城市。

第*137*封信

（1918 年 7 月 11 日，纽约）

亲爱的玛丽：

　　从 314 号公寓发出的信和头一封发自坎布里奇[1]的信，给我讲述了过去十五年里那么多甜蜜的往事，也告诉了我有关现在和将来的许多事情。314 号公寓是我汲取生活之水的源泉，我会永远记住这个宽敞的房间的，我会把它当做我身上、我的生命里一切有价值的事物的诞生地。但是，玛丽，不论你到哪里，我都会把那地方视为 314 号公寓。

　　愿上帝佑护协和大街 36 号，佑护所有在那里施予和受取的人们。愿上帝把你的工作纳入"他"神圣工作的一部分。

　　随信寄来《狂人》卷首插图的六份印样。书出版时要比这清晰，这几份不过是校样。另两幅插图你曾见过，不过当时尚未画完，是我为那首阿拉伯语长诗而作的十幅画中的两幅。第一幅画准备配在《上帝》那首诗上，第二幅配在"狂人"说"阳光第一

1　1918 年玛丽的学校和坎布里奇女子学校合并，称为坎布里奇—哈斯凯尔学校，由玛丽担任校长。

次吻了我的裸脸"时。

这两幅画的校样，我从镌版工那里拿到后就马上给你寄去。

在乡间我无法写作。大海和绿色的草木夺走了我，其实更应该说是从我嘴里夺走了言辞。但我画了几幅水彩画，大约有 15 幅。我认为，这些画肯定是我所创作的最好的组画。

愿上帝永远祝福你，保佑你！

爱你的　哈利勒

第*138*封信

(1918 年 8 月 26 日，科哈西特）

亲爱的玛丽：

明天中午我动身回纽约。今天早晨给你打过电话，想告诉你，我的周六、周日不安排别的事，以便我们一起出门，并好好地长谈一番。

在这里的日子颇有收获。我为原先写的阿拉伯语诗歌[1]增写了七节，不过每一节还要配一幅新画。所以，玛丽，不仅是我外部的东西在催逼我，我内心也有东西在催逼我。但是我现在一切都好，上帝是最为慷慨和仁慈的。

如你愿意，可在周六上午给我打电话。号码是彻西区9549 号。

爱你的　哈利勒

1　指纪伯伦正在创作的阿拉伯语长诗《行列歌》，1919 年正式出版。

第*139*封信

（1918 年 10 月 2 日，科哈西特）

亲爱的玛丽：

今晚我曾打电话和你联系，可你不在家。我想告诉你，明天下午我就离开这个地方，我极希望能在回纽约前和你共度一个夜晚。明天晚上你有空吗？我可以来看你吗？明天下午我一到车站就给你打电话，到时你答复我好了。

我在这里度过的一个月使我有了很大的改变。我现在感到自己换了一个人似的。愿上帝永远祝福你。

哈利勒

第*140*封信

(1918年11月7日[1]，纽约)

玛丽：

从黑暗的云雾之中，一个新世界诞生了。这确是一个神圣的日子，是耶稣诞生之后最为神圣的一天。

空气中充满了水流奔泻和大羽扑腾的声音。上帝之声回荡在空中。

哈利勒

1　1918年11月，第一次世界大战接近尾声。11月11日，德国接受停战条件，战争正式结束。

第 *141* 封信

（1918 年 11 月 17 日，纽约）

亲爱的玛丽：

　　人们的心里充满了同时过上几种生活的感觉。人们的心在这些伟大的日子里无处不在。我们饥渴的精神现正站在那"大河"的岸边，我们尽情地啜饮，我们满怀着喜悦，但那甘美的河水也是饥渴的，当我们啜饮河水的时候，它也在啜饮我们。

　　很早以前，玛丽，我对自己说过："上帝隐身在一千道光的帷幕之后。"现在我要说："世界已经穿过了一千道光的帷幕中的一道，变得更接近上帝了。"一切都不同了。大街上，店铺里，汽车、火车上，人们的表情都有了变化。人们的眼睛里有了新的神色，人们的话语里带着新的声音。造成这神圣变化的，不是由于世界的一部分战胜了世界的另一部分，而是由于精神对于非精神的胜利，由于人类身上最高尚的部分对于不那么高尚的部分的胜利。四年前滴在海底深处的圣油，已经浮到海面。这是人类身上最强大的自我必然的胜利，说它最强大，是因为它受到了最多的祝福。

可我为什么要给你写这些东西呢，玛丽？你是一直知道这些的，你比世界上任何人都更坚定了我的信仰，坚定了我对这些道理的认识。

爱你的　哈利勒

第*142*封信

（1919 年 3 月 25 日，西 10 号大街 51 号）

亲爱的玛丽：

　　告诉我，玛丽：你是要我设计一个校徽呢，还是要我画一个你已想好的什么东西[1]？我从未设计过徽标一类，但我很乐意为坎布里奇学校设计一个。你能告诉我为一个女子学校设计什么样的最好呢？如果你不是急需，我可以在下个月来波士顿的时候到学校来设计。如果你很快就要，你可以寄一份大致的草图来，由我来完成它。

　　　　　　　　　　　　　　　　　　　　　　爱你的　哈利勒

1　在给纪伯伦的上一封信中，玛丽请他为学校毕业班的女生们设计一个纪念手镯的图样。

第143封信

（1919 年 5 月 1 日，西 10 号大街 51 号）

亲爱的玛丽：

　　这是我为学校纪念手镯设计的的图样，是一只张开的手托着一朵玫瑰；或者更确切地说，是一朵花生长在一只张开的手掌里。我很喜欢这构思，如果制作得好的话，会是一个很漂亮的手镯的。但愿你和那些可爱的姑娘们会喜欢。

　　玛丽，我还觉得，这个图样也可以用做学校的校徽。我还没有见过与它类似的样子呢，你呢？一只张开的手是一个很美的象征，上面再放上一朵花，就更是美上加美了。

　　谢谢你，玛丽，给我寄来了漂亮的领带。

　　祝福你的手——那上面生长着一朵玫瑰！

爱你的　哈利勒

第*144*封信

（1920 年 7 月 19 日，纽约）

亲爱的玛丽：

我刚从乡间回来，是为了振奋一下精神而去旅行的，回家后发现了你这封令我精神更加振奋的来信。当然，我希望你能喜欢《对着窗户玻璃呼气》这幅画，但你对基督头像的见解对我绝对是更加重要的。在画完可爱的耶稣之后，我确实感觉到，作为一种表现，它比任何别的东西都更接近我的心灵。但我不能确定，这到底是我看到的面孔，还是我画的面孔。当一个人沉醉于一个念头的时候，他常常会把对这个念头的表现当做美酒本身。玛丽，我们都有两双眼睛，我们常把两双不同的眼睛看到的东西混为一谈。

我妹妹和我今夏无法在库哈塞找到房子了。但没有关系，我会来波士顿的。我在城里总能比在乡下作更多的工作。今年夏天我一定要完成许多工作，否则我就是个失败者。

听到有关学校的一切好消息，我非常高兴。没有什么比创造事物更美妙的了。创造我们外部的事物，其实也意味着创造我们的内心。外部不过是内心的摹本。

爱你的　哈利勒

第*145*封信

（1920 年 9 月 20 日，纽约）

亲爱的玛丽：

我很遗憾你的埃及之行延缓了。但埃及六千年以前就在那儿存在了，而且还会再存在六千年，你总能去旅行的。你会看到那种神奇，你会听到她的静默。为什么要着急呢？时光给埃及留下的遗迹，几乎是永久不变的。

我度过了一个很好的夏天。我在乡间度过的日子，是美妙、凉爽而充实的。我们，我和你，还作了许多的交谈。

《先知》将在 10 月初出版。10 月是出书的好时节。我总有种感觉：10 月是某些事物的开始。

爱你的　哈利勒

第146封信

(1920 年 10 月 11 日，纽约)

亲爱的玛丽：

最明智、最妥当的做法，就是把所有得罪了女孩子们和她们母亲的画从墙上取下。[1]一想到我的画让某些人在肉体上或精神上不愉快，我就感到痛苦和难过。我们无法向别人讲授裸体的纯洁，这应该由人们自己去发现；我们也不能引导人们进入生命的心中，他们应该自己前往，每个人都应该独自成行。

我请求你，亲爱的玛丽：只要你听到人们对任何一幅画有一点点非议，就把它取下来。

说到底，为什么要让这件事给你我带来烦恼呢？这其中不应该有任何成分让你我的眼睛看到阴影。人们能感到的只是生活的一斑，而你我却总能接受生活的全部。一棵树的根，并不低于它最高的枝梢。

爱你的 哈利勒

---

1 玛丽给纪伯伦的上一封信中提到：有些学生家长和教师认为挂在教室的纪伯伦的裸体画作有伤风化，玛丽无奈之中取下了部分作品挂在自己的办公室里。

第*147*封信

（1921 年 1 月 12 日，纽约）

亲爱的玛丽：

　　你确实需要一段较长时间的休息了。菲弗尔小姐在电话里说你该在乡下休息一个星期，我认为这是个好主意，我希望这也是你的愿望。玛丽，我理解你精神的意愿，但身体也有它自己的意愿和需求。我有把握认为：在乡间休息上一个星期或者十天，可以满足你身体的意愿和需求。

　　你不必写信来。我会同菲弗尔小姐通电话的，希望能听到你的好消息。

　　　　　　　　　　　　　　　　爱你的　哈利勒

第*148*封信

（1921 年 1 月 21 日，纽约）

　　听到你康复的消息，我非常非常地高兴。我想星期天下午过来看你。不过也可能星期一来，或是这个星期稍后的某一天，或是某个晚上。让我星期天早晨给你打电话，我想看到你身体足够健康，可以见我了。

爱你的　哈利勒

第*149*封信

（1921 年 3 月 23 日，纽约）

亲爱的玛丽：

　　我很高兴你很快就要来纽约。让我们在星期二晚上一起吃饭。我将在这儿等你。在星期三或星期四的任何时间你若要来看我，你知道，我是不会去见任何人或做任何事的。我们可以在周二晚上详谈。

爱你的　哈利勒

第150封信

（1921 年 12 月 8 日，纽约）

亲爱的玛丽：

　　我想见到一座没有街灯的现代城市。如果能在星光或月光下——而不是在其他光下，看纽约的南部，它会像金字塔一样美丽而威严的。来自上方和来自下方的光之间，是有多么大的区别啊！

爱你的　哈利勒

第*151*封信

（1922 年 2 月 7 日，纽约）

亲爱的玛丽：

你对我说了那么多甜美而珍贵的话语，玛丽，愿上帝祝福你！可你知道吗，当你对我谈起我时，我心中总感到一种愉悦的痛苦？你总是指着山巅对我说："你什么时候到达那里？"玛丽，当你谈起我的现在的时候，你话音里另有一个话音似乎在说："我要你明天成为这样。"不过，能经人指点而知山巅在何处，这是很好的事情；能知道你希望我明天成为什么样子，也是很好的事情。

愿生命在你心中歌唱。愿生命将你纳入她最神圣的心中。

爱你的 哈利勒

第*152*封信

(1922 年 6 月 17 日，纽约)

亲爱的玛丽：

上帝通过你，赐给了我很多很多。能成为上帝的一只慷慨的手，是多么值得祝福啊！而我得以熟识这只手，抚摩它，并从这手中受取，又是何等的幸运，是比幸运更大的幸运！能成为大河岸边的一枝细柳，真是太好了！

愿上帝祝福你，亲爱的玛丽。愿"他"甜蜜的天使与你同在，同在海上，同在岸陆。

爱你的　哈利勒

第153封信

（1922年12月12日，纽约）

亲爱的玛丽：

又好看又暖和的大衣和两箱书都已收到。谢谢，亲爱的玛丽。

我知道，玛丽，在去南方之前，你有很多很多要做又不得不做的事情。所以如果你没能路过一下纽约，我会理解的。但如果可能，而且既没让任何人失望，也不耽误任何事务，我还是非常愿意见到你，你是知道的。

爱你的　哈利勒

第154封信

（1922 年 12 月 17 日，纽约）

亲爱的玛丽：

　　如果你在星期五到纽约，那就让我们一起吃晚饭，并一起度过晚上。接下来的星期天、星期二，还有以后的每一天，都可以这么度过，直到你离开纽约南下。

　　我已答应和几位很要好的朋友共度圣诞节，这是惟一的约会，恐怕不好违约。如果我事先知道你月底之前要来，就不会作这个安排了。

　　如果你是星期六到纽约，并想当晚和我在一起，我很容易就推掉别的事情——我也很愿意推掉杂事。你只要提前一两天打个招呼就行。

　　迄今为止，我收到三箱书。我喜欢的那些蓝瓶子，也在其中的一只箱子里。我还收到两只包裹，其中各有两本书。最近的一只箱子是四天前到的——也许此后你还寄过别的：我是从你寄信的日期这么推断的，而且你提到的俄国汤匙，也不在这三只箱子里。

　　玛丽，我喜欢所有这些书，喜欢其中的每一本。再有别的书我也会喜欢的。我知道我有点贪婪，但是书总是书，对一个饥饿的灵魂，你能怎么办呢？今年冬天我要享用一顿盛宴，我要祝福你的餐桌和杯盏。

　　其实我一直在你的餐桌上赴宴，玛丽，你也一直将我的盘碟盛满，让我的杯盏充溢。

　　愿上帝祝福你，愿上帝之光洒满你的手掌。

爱你的　哈利勒

第155封信

（1923 年 1 月 24 日，纽约）

亲爱的玛丽：

　　我为你的幸福而感到幸福。对于你，幸福是自由的一种形式。在我认识的所有人中，你应该是最自由的。确实，你已赢得了这份幸福和这份自由。生活只应友好而温婉地待你，因为你是那么友好而温婉地对待生活的。

　　我喜欢你描述的房间的样子，喜欢阳光像海水一样洋溢四周，喜欢公园蓝色的情影在窗外摇曳。看来这是一个可爱而宁静的地方。一所房子，或是一个家，常常会变得同它的主人相似，甚至连房间的大小也会随主人心胸的大小而变化。在过去的几年里，这间画室的大小就曾变化过好多次。

爱你的　哈利勒

第*156*封信

（1923 年 3 月 19 日，纽约）

亲爱的玛丽：

今寄上《先知》的校样。我已经校阅过一遍，并作了些微的改动。但我觉得它还需要你更敏锐的眼睛来检查其中的标点和其他细节。另外，我也不想在未经过你的手祝福之前，就把它寄回给出版商。

我应该在两周内将校样和插图寄回。时间是充裕的，所以你不必为此而把其他工作搁在一边。出版商多等几天也没有关系。

现在的插图比你上次见到的样子好多了，我费了很大功夫。如果效果还不好，那就是镌版工的过错而不是我的了。扉页——穆斯塔法[1]的头像——也已画完。我有种感觉，玛丽，你会喜欢它甚于我画的所有头像的。

爱你的　哈利勒

1　穆斯塔法，《先知》一书中先知的名字。

第157封信

（1923 年 4 月 17 日，纽约）

亲爱的玛丽：

在过去的两个星期里，我一直在和你交谈着。不过我和纽约的所有人一样，也患了感冒，所以保持缄默的只是我的手。

你带着那么多的爱心，校阅了《先知》的连页校样，让我感到非常甜蜜。你带着祝福的触摸，使得我对其中的每一页都倍感亲切。你修改的标点，增加的空白，对某些表达的一些变动，将几处"BUT"（但是）改为"AND"（还有）——这一切都恰到好处。有一点我再三考虑却依然拿不定主意的，是"爱情"、"婚姻"、"孩子"、"施予"、"衣裳"这几章里一些段落的安排。我试着用新的方式来读，但我的耳朵听起来总觉得有点怪。也许这就是"习惯"。我知道，玛丽，耳朵和嘴巴是会养成习惯的，好习惯和坏习惯都有。也许我的耳朵还有比习惯更奇怪的东西。我很想在我们见面时跟你谈谈。

对将要见到你、听你谈话、和你在一起，我感到非常高兴。你可以告诉我什么时候到吗？

爱你的　哈利勒

第*158*封信

（1923 年 4 月 30 日，纽约）

亲爱的玛丽：

现寄来《先知》的分页校样，我想在交给出版社之前，再让你的眼光审视一下。我本想自己先看一遍再寄给你，但现在不行，因为我又得了每隔三四年就要光顾我一次的头疼病，要过五六天才好。

玛丽，我总是向你不停地索取，而你却如生活本身一样，总是给予我很多。愿上帝为你对我所做的一切而祝福你，愿上帝加爱于你，让你靠近"他"的心中。

爱你的　哈利勒

第*159*封信

(1923 年 5 月 3 日，纽约)

亲爱的玛丽：

我们真的可以在 5 月 19 日一起吃晚饭，然后一起度过夜晚。六点半以后我都在这里。嗨，玛丽，我从你那里受取的东西真是太多太多了。但愿我能够给予你什么，而且是我不曾以某种形式从你那儿受取的。但这是小溪和大洋之间的故事。

愿上帝永远祝福你。

爱你的　哈利勒

第*160*封信

（1923 年 8 月 7 日，波士顿）

亲爱的玛丽：

　　我为你的幸福而幸福。你比任何人都更应得到大地和天空的一切美事。

　　波士顿已和往昔不同。缺少了一点什么。而我也不是每星期去两次坎布里奇了。

　　我时常去乡间，在那里呆上一整天，思考一些在城里想不到的问题，做一些与房屋和街道无关的梦想。能够独自一人很好，在孤独中其实也是可以与人共处的。

爱你的　哈利勒

第*161*封信

(1924 年 4 月 22 日，纽约)

亲爱的玛丽：

我衷心地希望你一切都好。

至于我，我近况挺好。每天都完成一些工作：作一些画或是写一点东西——大部分都用阿拉伯文写。我还常常在这间画室里、或在公园里踱步。我思考着、梦想着一些遥远的地方，一些像雾霭一样没有形状的东西。有时候我觉得自己也是无形无状。这是一种奇怪的意识，我感到这似乎是变成雨雪之前的云雾的意识。

你知道，玛丽，我刚开始一种在地面之上的生活。原先我只是埋在过去的一株根，现在我却不知如何面对如此充足的空气、光线和空间了。我曾听说有些人在囚牢里生活以后，到了外面反而觉得失落，于是他们回去请求再进囚牢。我是不愿回去的，玛丽。我将试图发现我在地面之上的道路。

愿上帝祝福你，亲爱的玛丽。上帝在不断祝福，上帝在你慷慨的心灵里洒满圣灵之光。

哈利勒

又及：请你提前一周或十天告诉我何时北上，因为我也要去那里，我有非常重要的事情要跟你谈。

第*162*封信

（1924 年 8 月 28 日，西 10 号大街 51 号）

我亲爱的玛丽：

　　我记得你说过要在 9 月份来纽约。我现在正在纽约，我要去乡间看望我的一些朋友。你能告诉我何时到纽约吗，玛丽？我有很多事情要告诉你，有很多问题要请教你。你是这世界上惟一可以让我请教关于"我"的人。

　　　　　　　　　　　　　　　　爱你的　哈利勒

第 *163* 封信

(1925 年 7 月 8 日，纽约)

亲爱的玛丽：

我很高兴你的白昼和夜晚充满了乐趣。但我常常想，比起生活能给予你的，生活欠你的还是很多，这是因为你给予的实在太多太多了！

在纽约这里，我们都在和烦闷而沉重的酷暑搏斗着。我去乡下看了两三个地方，发现那里也同样不舒服。在乡下是绿色的炎热，在这里则是灰色的。

8 月是一年里最艰难的月份。等到 8 月到来时，恐怕我已筋疲力尽，并且不得不去什么地方——任何地方，只为改变一下环境！即使是去波士顿，在富兰克林公园度过几天，也胜过呆在这里，或是串几个旧友。我的朋友都是最有爱心、最体贴人的，但是他们不理解我在经历着什么，我也不想让他们理解。最好还是让他们只考虑我的作品，而不是我的问题。

我向上帝祈求，玛丽，愿你能在你去过的所有地方，在你所见所闻的一切中，都发现真正的乐趣和幸福。

永远属于你的 哈利勒

第*164*封信

（1925 年 8 月 25 日，纽约）

亲爱的、有福的玛丽：

　　我今天刚从山里回来，就发现了你可爱的来信。能听到你的声音从一个较近的地方传来，真是太好了。

　　9 月的第一个星期我将在纽约。我非常想见到你。如果你抽不出更多时间的话，就是几个小时也行。我希望能在你南下而我北上之前，再一次从你身上见到更好的我自己。

　　你可以告诉我哪一天到纽约吗？我哪一天能见你呢？如果你现在还无法告诉，或是还不能确定，我很乐意把九月的前三天空出来，不作任何安排，以免错过与你的会面。

　　愿上帝祝福你，愿上帝永远爱你。

哈利勒

第*165*封信

（1926 年 1 月 14 日，波士顿）

亲爱的玛丽：

　　能听到你的消息，并得知你一切都好，我很高兴。

　　我正在波士顿，做少量的工作。每天还要去牙医那里接受草率的治疗。牙病很厉害，但工作也必须完成。如果我再拖一段时间的话，整个口腔就都要出毛病了。但我现在还不错，我既勇敢又有耐心——甚至对折磨我的人，我也颇为友善了。

爱你的　哈利勒

第*166*封信

（1928 年 11 月 7 日，纽约）

亲爱的玛丽：

《人子耶稣》[1]大约在两周前出版了。当时就给你寄去了一本，也许是在你离开南方之后寄到的。我希望你会喜欢它，尽管其中有许多小错误。我的出版商似乎对它挺满意，我这里的朋友也都赞不绝口。在过去这几天里，我不止一次因为听到那些亲近、友好和理解的话语而感到难为情。愿上帝祝福这世界，祝福这世界上的每一个人。

我的夏天过得一点也不快活，大部分时间是在疼痛中度过的，但有什么办法呢？我用阿拉伯文写了不少东西，诗歌和散文诗。我做的还不止这些。我告诉黎巴嫩山的人们，我不想回去管理他们，他们倒是有这样的想法。你知道，玛丽，我得了思乡病，我的心思念着那些山岭与河谷，但我还是留在这里工作为好。在这异乡的老房子里，我能做得比任何别的地方更好。

是的，这个冬天我需要温暖。

哈利勒

1　纪伯伦用英文创作的一部以耶稣为主人公的长篇作品。

第*167*封信

（1929 年 5 月 16 日，波士顿）

亲爱的玛丽：

　　我正在波士顿。我已在此住了一段时间，想和我妹妹一起，在这个简陋的地方得到安适和宁静。我感觉不太好。我想无非是"神经疲劳"而已。秋天和冬天是不好过的。

　　这本书在美国和海外反响极好。人们说，它受人喜爱是由于其中的诗意；但我内心觉得，将来它会因为某种高于人们所说的诗意的东西而受到喜爱。

　　我的论莎士比亚的书还在酝酿之中，有时候我似乎觉得一个月就能把它写完。但目前我确实太累，一点点阿拉伯文作品也让我写得很吃力。也许我在写莎士比亚之前应该先写《先知园》——你不这么认为吗？

　　我妹妹向你致以问候。我不久就要不得不离开她了。纽约有些事情我还必须去处理，然后我们将一起过一个短暂的暑假。

K．G．

第*168*封信

（1929 年 11 月 8 日，纽约）

亲爱的玛丽：

是的，这个冬天我在波士顿得了病。是综合衰弱症，最后腿部也发病了，相当疼，但我走起路还不错。我的牙病也屡屡发作，愿上天宽恕我在波士顿的牙医。

我在东方的义务已经结束。我不会再承担类似工作，除非我对我的明天有绝对的把握。我内心想提供一些帮助，因为我得到过许多帮助。

K.G.

第*169*封信

（1930 年 11 月 21 日，纽约）

我将在纽约住到圣诞节。然后我将去看我的妹妹，她的地址是：281 Forest Hills St.Jamaica Plains,Mass.

无论你让我做什么，我都会高兴地、怀着感激之情去完成。

愿我们的上帝祝福你，永远保佑你。

K.G.

第*170*封信

（1931 年 3 月 16 日，纽约）

我正在纽约，我将在此逗留几周。

《大地神》[1] 两天前出版了，现随信给你寄上一册。希望你能喜欢其中的画。

我在准备另一本书——《游子》，还在准备其中的插图。这本书里都是寓言故事。我的出版商想在今年 10 月份出书，我认为这离《大地神》的出版时间太近了，但他们还是坚持初衷。准备工作基本都已就绪，我必须在一个月内把手稿和插图交上去。在手稿交出版社之前，不知道你是否有兴趣让你的慧眼过目一下，让你的妙手惠顾一下？

愿上帝爱你。

K.

译自《亲爱的先知》，纽约 KNOPF 出版社 1972 年英文版

---

1 纪伯伦用英文创作的一部诗剧。

纪伯伦爱情书简

〔黎〕纪伯伦

薛庆国 译

致梅伊·齐雅黛

第1封信

（1914年1月2日，纽约）

尊敬的文学家阁下：

在过去几个沉寂的、杳无音信的月份里，我思考了很多问题，但从没有想到过你是个"恶人"。现在，既然你对我声明：你的灵魂里存在着"恶"，我就应该表示相信。我相信、也信任你对我说的每一个字！你当然为你的话"我是个恶人"感到自豪，你应该感到自豪：因为就其意志及影响，"恶"是堪与"善"匹敌的一股力量。不过，请允许我坦率地声明：无论你如何"十恶不赦"，你都到不了我的一半程度。我这个恶人，犹如盘踞在地狱深渊里的魔影，更干脆点，我就是护守地狱之门的黑色幽灵！你当然会相信我这番话的！

然而，我至今仍未明白促使你用"恶"来对付我的真正原因，请你告诉我好吗？我答复了你惠寄来的每一封信，思考了你仁慈地在我耳边低语的每一个字的含义，是否我还该做些别的事情？或是你想平白无故给我一个罪名，来显示你施行惩罚的能力？你成功了，能力也显明了。而我，已经笃信了你那全新的、完备的、绝对的、集印度女神时母[1]之剑与希腊人偶像狄安娜[2]之箭于一身的神力了。

现在，既然我们都已理解了彼此灵魂中有着"恶"，有着对惩罚的偏爱，那就让我们继续两年前开始的谈话吧。你怎么样，状况如何？是否如黎巴嫩人常说的"贵体无恙"？去年夏天你是又摔坏了一只胳膊，还是在母亲的劝阻下不再骑马，平安无损地回到了埃及？至于我，身体就像醉汉的胡话一样糟糕。我在高山和海滩度过了夏天和秋天，然后面黄肌瘦地回到纽约，继续工作，继续和梦魇搏斗——那些古怪的梦魇，时而将我升到山巅，时而又让我跌至深谷。

很高兴你欣赏《艺术》杂志[3]，它是阿拉伯世界同类杂志中最好的。其主编是一位心地善良、头脑清醒的年轻人，他的一些有趣的文章和独特的诗歌收在一本名为《驯顺者》的集子里。值得称奇的是，这位年轻人对欧洲作家的所有作品都博览贯通。至于我们的朋友艾敏·雷哈尼[4]，则已开始在《艺术》上发表一部新的长篇小说，他给我读了大部分章节，我认为写得非常优美。我还告诉杂志的主编，说你要给我寄一篇文章来，他很高兴，已经在

---

1 时母，印度教女神，性嗜杀，喜吃恶魔。

2 狄安娜，古罗马人信奉的狩猎女神，即希腊神话中的女神阿耳忒弥斯。

3 叙利亚诗人纳西卜·阿里达在纽约创办的阿拉伯文杂志。

4 艾敏·雷哈尼 (1876—1940)，黎巴嫩著名旅美作家，为纪伯伦的挚友。

翘首等待了。

非常遗憾，我不擅长演奏任何一种乐器，但我像爱生活一样爱着音乐。我对研究音乐的规则与结构，探寻音乐的起源与发展有着独特的爱好。如有时间，我要写一篇长文，研究阿拉伯及波斯音乐的旋律是如何产生、发展、衍变的。我对西洋音乐也有对东方旋律同样的兴趣，每星期我都要去一两次歌剧院，然而较之歌剧，我更偏爱西洋音乐中的交响乐、奏鸣曲与康塔塔[1]，因为歌剧中缺少与我的性情爱好相近的艺术的纯朴性。请允许我羡慕你有双能弹琴的手，也羡慕被你的手弹奏的琴。我请你在拨动琴弦弹起"纳哈温德曲"的时候，能够想到我的名字和我的赞美，我对这首曲子情有独钟，我对它的看法，有点类似卡莱尔[2]对先知穆罕默德的见解。

请你在威严的狮身人面像面前念起我，好吗？我在埃及的时候，每周都要去那儿两次，坐在金色的沙滩上，凝视着金字塔和狮身人面像，一坐就是好几个小时。那时候我还是十八岁的少年，我的心在艺术现象面前会颤抖，就像小草在风暴面前颤抖一样。狮身人面像对我微笑，让我内心充满了甜美的忧郁和愉悦的愁思。

1　一种由声乐与器乐相结合的乐曲。

2　卡莱尔 (1762—1805)，苏格兰散文作家和历史学家，他在《论英雄、英雄崇拜和历史上的英雄事迹》一书中颂扬了穆罕默德。

和你一样，我也很钦佩舒麦尔博士，他是为数不多的为实现近东现代复兴而生的黎巴嫩的儿子。我认为，东方人迫切需要舒麦尔博士这样的人，以便抵消苏菲主义者、崇拜主义者在埃及、叙利亚两地的影响。

你读了海尔拉·海尔拉先生写的那本法文书吗？我还没见过。一个朋友告诉我书中有一章是关于你的，另外一章是有关我的。如果你有两册，请你惠寄一册给我。上帝会报答你的。

啊，已是午夜了，愿上帝赐福你的夜晚，保佑你。

忠实的

纪伯伦·哈利勒·纪伯伦

第2封信

（1919年1月24日，纽约）

尊敬的文学家曼丽[1]·齐雅黛女士：

　　向你善良、美好的灵魂致意！今天我收到你惠寄来的几期《文摘》杂志，我十分喜悦、无比钦佩地拜读了你的一篇篇文章。在你的文章里，我发现了许多久已盘旋在我的脑际、萦绕在我的梦中的志趣与倾向。然而另有一些原则和理论，我真希望能和你当面讨论。如果此时我在开罗，我会恳请你允许我拜访你，同你仔细探讨一下《空间精神》、《思想与心灵》这些作品，探讨一些亨利·柏格森[2]现象。然而开罗在地球的东方，纽约在西方，没有办法进行我希望的谈话。

　　你的这些文章反映了你神奇的天赋、广博的学识和在选材布局、斟酌字句方面良好的审美观。此外，还清楚地反映了你自己

1　梅伊的本名是玛丽·齐雅黛，为避免与玛丽·哈斯凯尔混淆，故将梅伊的本名MARY译作曼丽，纪伯伦有时还称她为曼丽亚。

2　亨利·柏格森(1859—1941)，20世纪初法国著名哲学家，非理性主义的主要代表。

的内心体验。在我看来，内心的体验或感悟是在一切学识与工作之上的。正因为如此，你的研究文章是阿拉伯语同类作品中最为出色的。

但是，请允许我向你提出一个问题，这就是能否有一天让你杰出的天赋，走出对往昔岁月的研究，转而揭示你内心的奥秘、你心灵的体验以及你高贵的思蕴？创造难道不比研究创造者影响更深远吗？你不觉得作一首诗或散文诗，比起研究诗歌或诗人的论文更有价值吗？作为一个你的钦佩者，我更愿读到你写狮身人面像笑容的诗歌，而不是你写的关于埃及艺术历史及其在各个朝代、各个帝国的演变的论文。因为你的关于狮身人面像的诗歌，能送给我属于你主观的、心灵的东西；而有关埃及艺术史的论文，只说明了一些普遍的、理念的东西。我这么说，不是否定你可以在埃及艺术史的写作中加入你主观的、内心的体验；我只是觉得艺术，能够揭示在灵魂深处漫游、摇曳、升华之奥秘的艺术，较之研究更适合你罕见的才华；因为研究只是揭示在社会中漫游、摇曳、升华的奥秘。以上所述，乃是我以艺术的名义对你的一种吁求。我吁请你，希望能把你吸引到那神奇的天地去——在那里，萨福[1]、伊丽莎白·白朗宁[2]、艾丽丝·施莱娜[3]等等你的姐

1　萨福，古希腊著名女诗人。

2　伊丽莎白·白朗宁 (1806—1961)，英国著名女诗人。

3　艾丽丝·施莱娜，英国女权主义作家。

妹们，已经在天地之间搭起了一座黄金与象牙的天梯。

　　希望你相信我的钦佩，并接受我崇高的敬意。上帝保佑你。

　　忠实的

　　　　　　　　　　　纪伯伦·哈利勒·纪伯伦

第*3*封信

（1919 年 2 月 7 日，纽约）

亲爱的梅伊小姐：

你的来信唤起了我心中对一千个春天和一千个秋天的回忆，让我重又伫立在我们创造的、并不断推动其前进的幻影面前，这些幻影在欧洲的火山[1]爆发后便隐身匿迹，披上了沉默的面纱——这沉默是多么深、多么久啊！

我的朋友，你是否知道我从我们时断时续的谈话中得到了慰藉、愉悦和宁静？你是否知道我对自己这么说过：在地球的东方有一个与众不同的姑娘，她在降生之前就已迈进了殿堂，肃立在至圣的圣地；她知道了清晨由猎户星守护的天堂奥秘，然后以我的国家作为她的国家，以我的人民作为她的人民——你知道我对自己这么说过吗？你是否知道每次你的信件来临，我都要在我幻想的耳际低吟这曲轻歌？如果你知道这一切，你就不会中断给我写信了。也许，正因为你知道这一切才中断写信的，这倒也不无

1　指第一次世界大战 (1914—1918)，这里的幻影，似指两人在战前的通信联系。

见地与道理。

至于狮身人面像的文章，上天知道，我是应《艺术》杂志主编的一再要求而向你索要的——愿上帝宽恕他！依我的本性，是反对给文学家设立题目的，尤其是对少数只有得到生活的启示后才动笔的文学家这么做——而你也是这少数文学家中的一员。此外我还知道，是艺术提出要求而不可向艺术提出要求的，为人出题其实是妨碍了作家发挥才能。如果当初你写信告诉我："我现在没有兴趣写狮身人面像的文章。"我会吟唱道：

"愿梅伊长寿，因为她有着毫不作假的艺术品味。"

总之，我要在你之前写一篇论狮身人面像微笑的文章！然后，我要作一首关于梅伊的微笑的诗；如果我有她面带笑容的照片，那我今天就要作这首诗了。我应该去埃及看看梅伊，看看她的笑容。一个作家该怎么写女人的笑容呢？达·芬奇画完《乔康达夫人》[1]，不就已经给这个话题划上句号了？然而，在黎巴嫩姑娘的笑容里，难道不是有着惟有黎巴嫩人才能领会、揭示的秘密吗？女人的微笑，不管是黎巴嫩人或是意大利人的，是否都将永恒的奥秘掩饰在嘴角织起的精致的面纱里呢？

说到《狂人》[2]，我该怎么对你说《狂人》呢？你说其中有些

1　《蒙娜·丽莎》的别称。

2　指纪伯伦 1918 年出版的第一部英文作品。

体现了"残酷"、体现了"黑暗的洞穴"的东西，我虽然已读了不少美英报刊就这本小书刊登的文章，但迄今还从未听过你这样的评论。奇怪的是，大多数西方作家都喜欢《我的朋友》[1]和《梦游者》这两篇，他们从中摘引评述，或以特别的方式提及。而你，我的朋友，却从中发现了"残酷"！如果一个人失去了梅伊的赞扬，他就是得到全世界的赞扬又有何用？也许那些西方人对《狂人》及其意象的青睐，是出于他们对自己心中意象的厌倦，出于对新奇的、不常见的事物——尤其是有着东方外表的事物的本能好奇。至于刊登在《艺术》上的寓言和散文诗，则是由一位作家从英文原文翻译的，他对我的爱要稍稍高出他对英语修辞奥妙的理解。

我用红笔在你谈到《狂人》时用的"厌恶"一词上画了个圆圈，因为我知道，如果我把《梦游者》中的对话放到"昨日"和"明日"的口中，而不是母亲和她女儿[2]的口中，那你也就会把"厌恶"一词换掉了，是不是这样？

我该如何说起我灵魂的洞穴呢？这让你害怕的洞穴，是我在人们的康庄大道上，繁茂田园里，葱郁树林中感到疲倦时栖身的

1　此处原文为 *My Mind*，但《狂人》中并无此篇。对照作者手稿，似应为 *My Friend*（我的朋友）。

2　在《梦游者》中，纪伯伦写了一位妇人和她的女儿在梦境中互相诅咒对方。

地方。当我在别的所在找不到可以倚头的地方时，我便走进我灵魂的洞穴。如果我爱的那些人中有谁有勇气进到那洞穴中，那他们发现的，不过是一个人在其中双膝跪地，做着祈祷。

很高兴你喜欢《狂人》中的三幅画，这表明你有第三只慧眼。我早就知道在你的双耳之外还有无形的耳朵，能听到那似静默一般的细微之声，这声音不是由唇舌发出，而是发自唇舌之外的甜美的孤独，快乐的痛苦，和对远方无人知晓世界的向往。

你还问道：在我写下"For those who understand us enslave something in us"[1]之后，我是否还指望什么人理解我？不，如果理解只是一种精神上的奴役，那我不需要任何人理解。有多少人以为他们理解了我们，只是因为他们在我们的某些表象里，发现了与他们在生活中的某一次体验相似的东西。他们声称知晓我们的秘密——这些秘密连我们自己都并不知晓！愿他们仅此而已，但他们还要用标记、符号来让我们蒙羞，然后又把我们放置到他们的想法和信条的橱柜里，就同药剂师摆放药瓶和粉剂一样！那个说你的某些文章是模仿了我的作家，不正是那些自称理解我们，知道我们内心的人之一吗？你能够让他相信：独立才是灵魂的正道，冬青和杨柳不会在彼此的树阴下成长吗？

---

1 《狂人》"题记"中的一句话，意为"因为理解我们的人，乃要奴役我们身上的某些东西"。

信写到这里，但我在开始时想说的话一个字都没说呢。可是谁能够将那轻柔的雾霭变为雕塑和碑刻呢？不过那位能听出声外之声的黎巴嫩姑娘，将在雾霭里见到形象和踪影。

祝福你美丽的灵魂、高贵的情感和博大的心胸。愿上帝保佑你。

忠实的

纪伯伦·哈利勒·纪伯伦

第4封信

（1919 年 5 月，纽约）

亲爱的梅伊小姐：

　　现寄来我收到的第一本《行列》[1]，它是今天出版的。你会发现，这本书是一个梦想，其一半仍然是雾霭，而另一半是几乎可以触摸的实体。如果你喜欢其中的什么东西，这梦就会变成一个美好的现实；如果你一点也不喜欢，它会全部重新化为雾霭。

　　向你美好的灵魂致以一千个问候。愿上帝保佑你。

　　忠实的

纪伯伦·哈利勒·纪伯伦

1　纪伯伦创作的一首长诗。

第 *5* 封信

（1919 年 6 月 11 日，纽约）

亲爱的梅伊小姐：

　　我到野外作了一次长途旅行，今天才回来。到家后见到你的三封来信和你在《都市》报上发表的那篇优美的文章。我听仆人说这几封信——应该说这笔珍贵的财富，是四天前一起寄到的。显然，埃及邮政不但查封了外界寄去的信件，而且还停止过向外发信的业务。

　　我抛开了办公室里一切等待着我的事务，整个白天都在倾听你娓娓而谈。你的话语既甜美又苛严，我说苛严，是因为在读了第二封信中的一些意见后，我倘若允许我快乐的心儿伤心的话，它就会伤心的。可是，我怎么会允许我的心去留意嵌满繁星的夜空里那一抹淡云呢？我怎么会让目光从鲜花盛开的树木移向树枝投下的阴影呢？我怎么会拒绝满捧珠宝的芳香纤手的轻拧呢？在五年沉默后被我们救醒的谈话，是不应也不会转化为责怪和争辩的。我接受你说出的一切，因为我认为，在漫漫七千里将我们分开的情况下，我们不该在这迢遥之距外再加上毫发之隔，而应该凭上帝赋予我们的对美的偏爱、对本源的向往、对永恒的渴望，来试图缩短这距离。我的朋友，在这些日日夜夜里，痛苦、骚扰、疲倦、磨难已经够多了！依我看来，能够在真纯、自由面前站住脚的思想，是不会被一本书中的片言，一封信中的微辞搅乱的。既然如此，就让我们把大都是言辞上的的分歧放到一只金柜里，扔进微笑的大海中吧！

　　梅伊，你的信是多么漂亮、多么甜美啊！它犹如一条从高处而下流淌着美酒的小河，歌唱着流进我梦幻的谷地。它又像俄耳甫斯[1]弹奏的竖琴，将天涯变成咫尺，将左近变得悠远；又以其神奇的颤音，让顽石化为熊熊的火炬，使枯枝变成鼓荡的翅翼。如果说在一天之内，我收到你一封来信，就如同登山上了山巅，那今天我一下收到你三封来信，这又让我怎么形容呢？这是我抛弃一切尘事的日子，我要尽情地在"有高柱的伊

1　俄耳甫斯，古希腊神话中的英雄，擅长演奏竖琴，其琴声令鸟兽木石为之起舞。

莱姆"[1] 乐园中徜徉。

我怎样回答你的那些问题呢，我的心声还有着无法与墨水一起流淌的，我怎样才能继续谈话呢？但必须得继续下去，因为剩下的无声的话语，也不是不为你理解的。

你在第一封信中说："若是我在纽约，那我就会在这些日子造访你的画室。"你难道从未到过我的画室吗？在记忆有形的外衣后面，不是还有它无形的躯体吗？我的画室，是我的殿宇，我的朋友，我的博物馆，我的天堂和地狱。它是生命在呼唤着生命的一座森林，是我置身其中的空旷的大漠；我在此见到的只有沙粒的海洋，"以太"的海洋。朋友，我的画室是没有墙垣、没有屋顶的房舍。

但在这间画室里有我喜爱、珍藏的很多东西。我酷爱古代艺术品，这间画室的各个角落里，有一些历代珍品，如埃及、希腊、罗马的雕塑和石刻，腓尼基的玻璃器皿，波斯的瓷器，古书，意大利和法国的绘画，还有一些在无声中作着诉说的乐器。有朝一日我还一定要搞到一座迦勒底[2]的黑石雕像，我对迦勒底的一切都全身心地迷恋，这个民族的神话、诗歌、祷文、建筑，甚至是历史遗留下来的最微不足道的艺术品和手工制品，都能在

---

1 "有高柱的伊莱姆"，出现在《古兰经》"黎明章"中，据说是座华美的乐园。

2 迦勒底，位于古巴比伦南部（今伊拉克南部）的地区。

我内心唤起悠久而朦胧的追忆，把我带回遥远的往昔，让我透过未来的窗户来看现实。我爱古代文物，沉醉其间，因为那是迈着一千个脚步，由黑暗向光明前进的人类思想的结晶，这不朽的思想携着艺术下潜而入深海，扶摇而至银河。

你还说："你因为艺术而知足，这是多么幸福！"这话让我思索良久。不，梅伊，我既不知足，也不幸福。我的心里有一种东西，它不懂"知足"，但它不是贪婪；它也不知什么叫"幸福"，但它不同于不幸。在我的内心，有永远的栗动和持久的痛苦，但我不想换掉这个，也不愿改变那个——谁处于这种境界，就不知什么是"幸福"或"知足"，而他也不抱怨，因为抱怨里有一种闲适，有一种清高。

你为自己伟大的天赋而幸福和知足吗？梅伊，告诉我，你知足和幸福吗？我几乎听到你在低语了："不，我既不知足也不幸福。"知足就是自满，自满就是有限，而你不是有限的。至于幸福，就是将人生的醇酿灌满胸中。但那执有七千法萨赫[1]长、七千法萨赫宽的巨盏的人，是不曾，也不会知道幸福的，除非全部生命都注入他的杯盏。而梅伊，你的杯盏不也有七千零一法萨赫的长宽吗？

关于我的"精神氛围"，我该怎么说呢？一两年之前，我的

---

1 法萨赫为长度单位，1 法萨赫 = 6.24 公里。

生活还不乏宁静与平和，可是今天，宁静变成了喧嚣，平和变成了冲突。人们在吞噬着我的白天和黑夜，用他们的志趣和念头充塞着我的梦幻。多少次我去到僻远的地方，只为躲避这个癫狂的城市，摆脱人们，也摆脱自己的阴影。美国人民强悍孔武，不知疲倦和厌烦，也不需睡眠和做梦。这个国家要是恨起一个人，就会用漠视来杀死他；要是爱上一个人，就会用关怀杀死他！谁想在纽约生活，就得成为一把利剑，但是要放在蜜制的鞘里：剑用来吓退想消磨时光的人们，蜜用来满足饥饿者的需求！

　　有朝一日我将逃往东方，对故国的思念几乎令我溶化。如果不是这座我自己用手搭起的牢笼，我就会乘上第一班东驶的轮船了。但谁能够抛却自己花费了一生雕砌的屋舍呢？即使这屋舍是座囚室，他也不能或不愿在一天内脱身出来。

　　请原谅我，亲爱的朋友，我这样谈论自己，诉说了一些应该作斗争而不是抱怨的事情，一定让你感到厌烦了。

　　你喜欢《行列》，使我也对这本书倍感亲切。你还说要背诵其中的诗句，对这份恩赐我真要鞠躬行礼了。但我觉得你的记忆力，更应该背诵比《行列》、比我写过的和将写的一切，都更高雅、更美妙、更杰出的诗篇。你对书中的插图作了一番议论："你们艺术家，凭着双子星的君王独赐你们的'以太'之力，展示出这些大作；于是我们凡夫大众来了，可我们没有鉴赏的能力，只好无奈何地叫苦。由于我们的愚昧，你们成了不幸的蒙冤者，我们成了不幸的亏损者。"对此看法，我可不能接受，并请原谅我要表示反抗（我的反抗何其多也）！梅伊，你是我们中的，你属于我们，你处在艺术的儿女中，犹如花朵开在绿叶中。你在《都市》报上撰写的评述《狂人》插图的文章，最能表明你精深的艺术感觉和细腻独到的思想。你有评论家的眼光，能看出很多人看不出的东西。我毫不夸张地说，你是第一位昂首阔步，以在自己家中一样自若的表情，迈步在九姊妹[1]的森林里的东方女子。你可以晓谕我吗，你是怎样知道你所知道的一切的？你从哪个世界采集了你心灵的珍宝？你的灵魂在来临黎巴嫩之前生活在哪个时代？在天才身上，自有比生命的奥秘更为深邃的奥秘。

你还想了解西方人对我的看法，我对你这份热忱和出于民族感情的关怀深表感谢。他们说了很多，然而言过其实，有失偏颇，他们以为兔子窝里出了骆驼。上帝知道，我的朋友，我每读到写我的溢美之辞就要在内心哭泣。赞扬是人们压在我们肩头的一种责任，能让我们感觉到自己的软弱。然而还是必须前进，即使重担把我们的脊背压弯，还是必须从软弱中找到力量。我在另一封信里给你寄去了报章、杂志上的一些评论，从中你可以知道，西方人已经厌倦了他们灵魂中的幻影，厌烦了他们自己，他们开始从新奇的、不寻常的事物中——尤其是东方的事物中乞

1　指希腊神话中司文化、艺术、科学的九位女神。

灵。雅典人在黄金时期过后也有过类似情况。一个多月以前，我曾给伊米尔·泽丹[1]先生寄去过一组评论《狂人》的剪报，他自然也是你的朋友。

赞美上帝，感谢上帝，你们的危机终于结束了。我读到了那些示威的消息，我想象着你一定惶恐不安，于是我也惶恐不安起来。但我在这种时候总要诵念起莎士比亚的诗句[2]：

Do not fear our person,

There s' such divinity doth hedge a king

That treason can but peep to what it would,

Acts little of his will.

梅伊，你是受到呵护的，你心中有一个受到上帝呵护，不受任何伤害的君王。

你还问，我们这群人里是否有你们的一个朋友？

哦，以生命起誓，以生命中辛涩的甜蜜和神圣的痛苦起誓：在我们这群人中确有一个你们的朋友，他的意念在保护着你们，

1　伊米尔·泽丹，阿拉伯现代著名作家乔治·泽丹之子，曾任埃及文艺杂志《新月》的主编。

2　此为《哈姆莱特》第四幕第五场中的台词，意为：不要担心他会伤害我的身体，一个君王是有神灵呵护的，叛逆只能在一边蓄意窥伺，作不出什么事情来。（朱生豪译文）

他的心灵在为你们企盼幸福，禳解灾祸。不在身边的朋友也许比身边的朋友更为亲近；平原上的行者，难道不是比山中的居民，更觉得高山的巍峨、清晰和显豁吗？

夜幕已经笼罩了这间画室，我已看不清写的是什么了。向你致以一千个问候和祝福，愿上帝永远保佑你。

你忠实的朋友

纪伯伦·哈利勒·纪伯伦

第*6*封信

（1919 年 6 月 11 日，纽约）

【译者按】1919 年 6 月 11 日，纪伯伦还给梅伊寄去了
一些美国作家评论《狂人》的剪报。纪伯伦在一篇评论的旁
边写下：

《狂人》已被译为法文、意大利文和俄文，其中部分还被译
为其他文字。法文译本不久将问世，我会给你寄上一册。

第 7 封信

（1919 年 7 月 25 日，纽约）

亲爱的梅伊小姐：

　　自从我开始给你写信至今，你一直出现在我的脑海里。我长时间地思念着你，与你交谈，揣测着你的内心，探询着你的奥秘。奇怪的是，我屡次感到冥冥中你就在我的画室里，你在察视着我，与我谈话、辩论，对我的作品发表议论。

　　你自然会对这番话感到奇怪；而我，也为自己迫切而不由自主的这番表白感到奇怪。要是我能理解隐含在这迫切和不由自主后面的奥秘就好了！

　　你有一次说过："大脑之间自有切磋，思想之间自有交流；人虽然不能感受到这点，但在一国同胞之间，谁能够断然否认其存在呢？"

　　在这段美丽的话语里，有一个基本的事实，我原先凭着理智推断有所领会，现在却凭着内心的体验理解了。近来我确信，存在着一种微妙的、强烈的、奇异的精神纽带，其本质、特点与影响都与其他纽带不同，它比血缘的、胚胎的、甚至道德的纽带都远为强烈，远为坚实，远为长久。这纽带中没有一丝一线，是由从摇篮至坟墓的日日夜夜织成；也没有一丝一线，是由往日的意图、当今的愿望与未来的希冀织成。这纽带，或许恰恰存在于并未被过去和现在——甚至是将来——聚合在一起的两个人之间。

梅伊，在这种纽带里，在这内心的情感里，在这默契的理解里，有比人类心中荡漾的一切梦幻都更奇特、更神异的梦幻——梦中之梦的梦幻。

在这份理解中，梅伊，有一首我们能在静夜里听到的幽深、恬静的歌曲，它带着我们超越黑夜，超越白昼，超越时间，超越永恒。

在这份情感里，梅伊，有一种不会消逝的痛苦的忧郁，但我们觉得它亲切，如果可能，我们不会用我们所体验的或幻想到的一切快乐与荣耀将它替换。

以上，我试图告诉你的，是只有你心中类似的感情才会告诉你的东西。如果我表露的是一个你已知晓的秘密，那我就是承蒙生活恩赐，荣立于白色宝座前的幸运者之一；如果我表露的是只属于我个人的秘密，那你尽可以将这信笺付之一炬。

我请求你，朋友，请你给我写信，请你用自由的、真纯的、振翅高翔于人间路途之上的心灵给我写信。你我对于人类知之甚多，了解那些让人类相互接近的意趣，也了解让他们彼此疏远的原因。那我们何不远离，哪怕就一个时辰，远离被人们踏过的熟路？我们何不伫立凝望，哪怕就作一次，凝望在黑夜、在白昼、在时间和永恒之外的奥秘？

愿上帝护佑你，梅伊，愿上帝永远保佑你！

你忠实的朋友

纪伯伦·哈利勒·纪伯伦

第*8*封信

（1919 年 7 月 26 日，纽约）

【译者按】1919 年 7 月 26 日，梅伊收到纪伯伦的一封信，内有一份剪报，上面刊登了他的一幅近照，以及文学评论家艾丽丝·拉菲尔女士对纪伯伦《画二十幅》一书评论的节选。纪伯伦在剪报空白处写下：

这本书将于今年秋初出版，我将把收到的第一册样书寄给你。

第*9*封信

（1919 年 11 月 9 日，纽约）

亲爱的梅伊小姐：

你怨恨我，怪罪我，你可以这样，你有道理这样。我只有惟命是从。但我在远离标准与规范的世界里犯下的罪过，你可以把它忘却吗？你可以把不配存放在"以太"宝柜里的东西，置于那"金柜"里吗？

当事者所知道的，非当事者并不清楚；把非当事者的不知作为罪过，未免有失公允。因为只有明知故犯，罪过才成其为罪过，然而我也不想无意中把一些滚烫的熔铅或沸水，浇在明知故犯人的手上。因为我相信，罪过本身就是对过失者的惩罚；大部分人的不幸，乃是由他们自己的行为所致。

我对那种"透明元素"感到亲切，在它面前，距离、界限和障碍全都消失了；孤独的心灵只有对它才感到亲近，也只有向它发出呼唤与求助。而你，常常生活在精神世界里的你，该知道我们中的"透明元素"，乃是规避着我们的一切事务，甚至远离着我们最美好的表达愿望和最高雅的艺术情趣。它虽然与我们身上的诗情为邻，却不以抒情歌曲谱写自身，也不以色彩与线条表现自己的奥秘。每一个人都可以标榜自己的志趣，把玩自己的欲望，拿自己的思想去做交易；但没有人能够标榜自己的孤独，把玩自己的痛苦，拿自己的饥渴去做交易。没有人能够让梦想改变形式，将内心的秘密转移他方。我们身上弱小的成分，能够影响我们身上强大的成分吗？那属于大地的客体，能够改变属于天空的实体吗？那蓝色的火焰，它照耀着而不会黯淡，它改变着却不会被改变，它发号施令而不会惟命是从，你是最富远见的，你真认为"精巧的嘲讽"，会生长在痛苦耕作过、孤独播种过、饥渴收获过的田园吗？你以为"带哲理的幽默"，会与对真理的偏爱、对真纯与绝对的向往并行吗？不，朋友，你高于怀疑和猜忌。怀疑只与胆小的弱者为伴，猜忌只追随没有自信心的人们。你呢，你是勇敢的强者，你对自己充满了十足的信心。你何不相信岁月置于你手掌中的一切呢？你何不把目光从美丽的表象转向美丽的真理呢？

夏天的几个月，我是在一间孤零零的小屋里度过的，它像梦幻一样坐落在大海和森林之间。当我在森林里迷失了自我，我就去海边找回自我；当我在波涛里迷失了自我，我就重回到林荫间，在那里见到自我。这个国家的森林和全世界的森林都不一样，这里的森林青葱茂密，枝叶葳蕤，将人的记忆带回远古的时光，带到上帝的"道"显现的太初，而那"道"便是上帝！

至于我们的海，则与你们的海无异。你们在埃及的海滨听到的长着翅膀的涛声，我们在这里的海滨也能听到；那使你们的心胸感悟生命的庄严与威烈的那种深邃，也使我们的心胸感悟着生命的威烈与庄严。我在地球的东方和西方聆听了大海的曲调，它在过去和现在都是同一首永恒之歌。它携着灵魂或高升或下降，给灵魂时而带来忧愁，时而又带来安宁。我在亚历山大的沙滩上——是的，是在亚历山大的沙滩上——也曾听过这样的曲调：那是1903年的夏天，我从那古老城市的海边——恰如昨天我在这现代城市的海边一样，听到了岁月的话语。我第一次听到这话语时还只有八岁，于是我为自己而不安，对生活感到困惑，我用一个个问题，向我现已去世的母亲的耐心作挑战。今天我听到这话语，我又提出同样的问题，不过是向全能之母发问。她以沉默不语作答，让我懂得了许多道理。每当我试着向别人讲述这道理，我嘴里的言词便转化为深深的寂静。而今已是八十岁[1]的我，正如八岁的我一样，坐在海滩，极目遥望着远方蓝色的天际，发出了一千零一个问题：

"嗨，在你们那边是否有应答者？"

---

[1]　1919年纪伯伦实为三十六岁。此处为作者戏言自己饱经沧桑。

"那世纪的大门，是否能开启——哪怕只是一分一秒——好让我们看看门后的秘密和奥妙？"

"你们能不能够'在死神将白纱蒙在我们脸上之前'，告诉我们片言只语，谈谈我们生活周围'神秘的、应验的法则'吗？"

你问起我是否喜欢"不用费力而获的果实"。我喜欢果实，极其喜欢，不过那要等我把它翻译成我的特殊语言之后！至于努力，则是我们攀登高空的阶梯。我自然更愿飞到我的高空，然而生活没有教会我的双臂飞翔，我能怎么办呢？比起显明的真理，我更偏爱隐秘的真理；比起需要解释、分析的感觉，我更偏爱默默的、满足于自身的感觉。但是我又发现，神圣的沉默往往始于一句神圣的言词。

我认为果实是美好的，我认为生活中的一切都是美好的，除了困惑以外。如果困惑是与果实接踵而至的，那我只好闭上眼睛，暗暗叫苦："这是我在已经背负的一百个十字架以外，应该背负的又一个十字架。"困惑本身并不令人讨厌，然而我久与困惑为伴，已经心生厌倦。它曾经是我食用的面包与饮水，是我的被衾和衣裳，我已厌烦起这一字眼，我逃避着它的阴影。

我认为你的论《行列》的文章是用阿拉伯语写的第一篇此类文章，是第一篇论及作者创作宗旨的论文。但愿埃及和叙利亚的作家们，能从你这里学学如何剖析书籍的灵魂而不是躯壳，如何优先探究诗人的内心意趣而不是考查诗歌的表象。我应该尽量不张扬我个人对你珍贵文章的谢意，因为我知道你在写作时是不带任何个人成分的。我如果要表明广义的、发自民族感情的谢意，那我更应该就你的文章再写一篇文章，但在现阶段这会被东方人当做不体面的事情。不过有朝一日，我还是要就梅伊和她的天才发表言论的；我的话将是极有分量的，将是洋洋洒洒的！我的话将是真诚的，因为它将是美丽的。

今年秋天将要出版的书，是一本没有"叛逆与反抗之喧嚣"的画册。如果不是印刷厂工人的罢工，这本书三周前就已问世了。明年要出两本书，第一本是《孤独者》[1]，也许我会给它取另一个名字，这本书包括一些诗歌和寓言。第二本书是一本象征主义画集，书名是《向着上帝——Towards God》。第二本书之后，我要结束一个时期，开始另一个时期。至于《先知》，那是我已思考了一千年的书，但我直到去年底还没写出一章来。我该如何向你描述这个先知呢？他是我的第二次降生，是我的第一次洗礼，他是让我有资格站在阳光下的惟一的思想。这位先知，在我试图塑造他之前已把我塑造了，在我考虑构写他之前已把我构写了。他在停下脚步对我口授他的志趣与理想之前，已让我默默地跟随他行走了七千法萨赫的路程。

请你向我的同伴、我的助手——"透明元素"——打听这个

1　指纪伯伦1920年出版的《先驱》。

先知，"他"会对你讲述他的故事的。去问"透明元素"吧，在静谧的夜晚，当心灵摆脱了桎梏，卸去了外衣，去向"他"发问吧！"他"会对你透露这个先知的秘密，以及他之前所有先知的奥秘。

我认为，朋友，在"透明元素"里有一种意志，如果我们把其中的一丝一毫放置在山脚，这座山就会移动。我认为，并且知道，我们可以用这种元素在国与国之间连起纽带，通过它我们可以了解我们想了解的一切，获得我们渴望的、企盼的一切。

关于"透明元素"和其他元素我还有很多话要说，但我应该保持沉默了。我将保持沉默，直到雾霭散尽，岁月的大门开启，直到天神对我降旨："说话吧，缄默的时辰已经过去；行走吧，你在困惑的阴影里停留已久。"

唉，什么时候岁月的大门才能开启呢？你知道吗？你知道什么时候岁月的大门才能开启，雾霭才能散尽？

上帝保佑你，梅伊，愿上帝永远护佑你。

忠实的

纪伯伦·哈利勒·纪伯伦

第*10*封信

（1919 年 11 月 15 日，纽约）

【译者按】1919 年 11 月 15 日，梅伊·齐雅黛收到纪伯伦的一封信，信中有一份请柬，邀请出席在纽约举办的美国及外国艺术家的大型艺术展。纪伯伦在请柬的上方写下：

这是邀请出席一次艺术盛宴的请柬，你不大驾光临以给我们荣幸吗？

第*11*封信

（1919 年 11 月 30 日，纽约）

【译者按】两个星期以后，即 1919 年 11 月 30 日，梅伊又收到一封信，这是纽约麦克道维尔俱乐部寄来的请柬，邀请她出席同年 12 月 2 日举行的文学晚会，其间纪伯伦将朗诵他的部分寓言故事和隽言警句。纪伯伦在请柬左侧用英文写下：

但愿你在此地，给我的声音插上翅膀，把我的低语化为歌咏！不过在我朗诵时，我会知道在那些"异乡人"中间，有一个看不见的"朋友"，正在倾听着，正在甜美而温柔地微笑着。

第12封信

（1920 年 1 月 28 日，纽约）

亲爱的梅伊小姐：

你想"确切"地知道我后悔的含义，想知道我为什么请求你原谅那些"内心秘密"。现在我就简单而确切地谈谈那后悔、那含义、那些秘密、那些内心想法后面曾经和将要代表的东西。

对写了那封被你称为"抒情歌曲"的信，我并不后悔，也决不会后悔。

我对其中的任何一个字母、任何一个符号都不曾后悔，也决不会后悔。

我未曾迷失方向，因而也无需寻找正途。

对于当初曾在、现在仍在我心里的东西，我怎么会后悔呢？

我不是那种把心里所思放到唇间然后却为此后悔的人。

我也不是那种在醒觉时否定自己在梦中所肯定之事物的人。因为我的梦幻就是我的醒觉，我的醒觉就是我的梦幻；因为我的生命并不是如此划分：前进一步，而又后退两步。

要说我犯下的罪行，或者说，我猜想远离着标准与数量世界的自己犯下的罪行，那就是：在我读了你关于那个黎巴嫩人——那个在你从开罗去亚历山大沙滩之前访问了你，你"非常遗憾地忘了往他手上泼一点开水"，以惩罚他的非礼的人——的故事之后，我注意到一件事情，我本来应该在把那封信投入信箱之前就知道的。我这么理解、或者说我想象、或假设：是那封信给你带去了这方面的烦恼。当我们了解到，只属于自己的私事却经过了别人的手指、展露在别人的眼前，而他们又是无权知道这事情的时候，我们当中谁会不心烦、不恼怒呢？这便是我意识到、并为之后悔的那件事情，也是惟一一桩我请你放进"遗忘之柜"的事情。我把"邮检处"、把设立这一机构的原因及其产生的后果都称为"标准与数量的世界"，我这么称呼，是因为它远离着当时占据我思想的世界，犹如地狱远离着真理的森林。

去年，我知道了一些有关"邮检处"的事情，这些事情能让坟墓间的猫头鹰发笑！在这个高尚的机构里有些年轻的职员，他们打开从东方寄给我的信件，在信末加上一些附言、问候、祝辞，还有一些政治、文化、文学方面的见解；有些人还向我要钱，去派一些我闻所未闻的用场。

比这更希奇的是，一个大马士革的邮检员发现给我的一封信中有一大片空白，于是竟作了一首歌颂我的长诗装点了这片空白！如果我把那首诗的故事全告诉你，你会对我生气的。

　　至于那封你称为"抒情歌曲"的信，则是我写的，是属于我的，是发自我内心的。它是现在的我，正如它曾是过去的我，也将是未来的我。它的现在，也和它的昨天、它的明天一样。你现在还不相信吗，多马[1]？你还想把手指放在伤口上吗，梅伊？

　　请允许我再次说明，我讨厌朋友间精巧的或不精巧的嘲讽，我讨厌心灵默契者之间带哲理或不带哲理的幽默，我讨厌在一切事情上、甚至在升天时都要矫揉造作。我之所以讨厌这些，是因为我每分钟都在周围看到这个机械化城市的世相，这个由于没有翅膀而只好在轮子上运转的社会的后果。

　　我认为《狂人》中的某些内容，是你把"精巧的嘲讽"归罪于我的原因。如果是这样的话，我便是这本书的第一个受害者了。因为《狂人》并不是全部的我，我通过我塑造的某个人物的嘴表达的思想和观念，并不全是我的思想和观念；我认为适合于这个狂人特点的语气，也不是我同我喜爱的、敬重的朋友促膝交谈时的语气。然而，如果一定要通过我写的东西来了解真实的我，那你不妨通过《行列》中的森林青年，而不是《狂人》来达到这个目的。梅伊，我的灵魂与其说接近《狂人》和他的呐喊，倒不如说更接近于"森林青年"和他的长笛吹奏的乐曲。你肯定

1　多马，为耶稣的十二使徒之一，起先不信耶稣的复活，后来自己亲手摸到耶稣的身体后才信。多马因而在西方文学中成了怀疑者的代称。

会发现，《狂人》不过是各种金属打造的长链中的一环，我不否认《狂人》是铁打的粗糙的一环，但这不表明整个长链都将用粗铁打造。梅伊，每一个灵魂都有它的季节，灵魂的冬天不同于它的春天，它的夏天也不同于它的秋天。

我很高兴你也属于利未[1]家族的谱系！我高兴极了。这是因为：我是一个马龙派神甫的外孙！是的，我的外祖父曾是一个钻研神学奥秘的神甫（不过由于他酷爱教堂音乐和其他音乐，所以音乐盖住了他的神职），我母亲是他最钟爱、也与他最相像的孩子。奇怪的是，她在青春妙龄时就决定并准备好进黎巴嫩北部的圣萨穆昂修道院。我从母亲身上继承了百分之九十的性格爱好（我不是说我有她那么温良柔顺、心胸博大）。尽管我对僧侣有些厌恶，但我喜爱修女，在心里为她们祝福。我对她们的爱，也许起源于我母亲年轻时占据她幻想的那些神秘（Mystique）愿望。我还记得我二十岁时我们之间的一次对话：

她说："如果当初我进了修道院，这对我和别人都最好不过了。"

我说："如果你进了修道院，就不会有我了。"

她答道："你是注定要来的，孩子。"

我说："是的，不过远在我来临之前，就选好你作我的母亲

1　利未是雅各的第三子，是利未（列维）人的祖先。

了。"

她又说:"要是你不来,你就还是天上的天使。"

我说:"我依然是天使呢!"

她笑了,说道:"那你的翅膀呢?"

我把她的手放在我肩上,说:"在这儿。"

她说:"被折断了。"

这次谈话的九个月之后,我母亲便去了蓝色天际以外的世界。

可是"被折断了"这个词语,却一直在我心里摇曳;我由这个词语,编织了《被折断了的翅膀》[1]这个故事。

梅伊,我从来不曾在我母亲面前卖老。她曾经是、并依然是我灵魂的母亲。比起她去世前,我现在更感觉到她和我的亲近,她对我的影响,她给我的帮助;这种感觉比原先更为强烈。但这种感觉并不排斥我和我灵魂上的母亲们、姐妹们之间的联系。我对我母亲的感情和对我母亲们的感情之间的差别,只不过是清晰的记忆和朦胧的记忆之间的差别。

这是关于我母亲的一些话,如果时光能把我们聚到一起,我会对你详细谈谈她,我毫不怀疑你会喜欢她的。你会喜欢她的,因为她会喜欢你。在彼岸翱翔的灵魂会喜欢在此间行走的美丽的

1　纪伯伦 1911 年用阿拉伯文发表的中篇小说。

灵魂。而你，梅伊，你就是一颗美丽的灵魂，所以你不会因为我说"她喜欢你"而感到奇怪的。

登在《艺术》杂志上的那张面孔，是她内心痛苦时的面孔。《画二十幅》扉页上的，也是她的面孔，我称这幅画为《向着无穷》，因为它表现的，是她在此间生命的最后瞬间，在彼岸生命的最初瞬间。

说起我父亲这边，我也可以炫耀一下家族出过的三四位神甫，就像你夸耀齐雅黛家族出过的神甫和主教一样！我得承认你们有一点占优势的，这就是你们出了主教，而我们家族的树上却没有结过这样的果实。但我们有司祭或是准司祭，你们出过这类人物吗？纪伯伦家族的司祭曾祈求上帝，要让我回到教堂的怀抱——回到使者同盟会，就像浪子回到父亲身边一样！而教堂的怀抱，正如你所知，犹如我们的祖先亚伯拉罕的胸膛，首先是罪人的安身之所，然后还是死者的安息之所。而可怜的基督徒刚从这里逃脱，就又陷落进那里。感谢上帝，我不曾是个罪人，我也不会成为死者！但我同情亚伯拉罕，尤其同情他的胸膛……

你该知道，黎巴嫩北部有一半人是神甫和司祭，另一半人也是神甫的儿子或孙子！你的家乡（我想是加齐尔）情况是否如此？在我的家乡布舍里，要计算神甫和僧侣的数目是很困难的！

好吧，让我们谈谈《泪珠与欢笑》[1]，我并不胆怯！

这本书是在战前不久出版的，出版当天我就给你寄去了一本。是的，《泪珠与欢笑》在艺术出版社出版的当天，我就给你寄去了一本，但我从未听你说过一句是否收到的话，对此我颇为不快，至今耿耿于怀。

《泪珠与欢笑》中的文章，是我最早发表在报纸上的东西。它是我葡萄园中的未熟之果，早在写《草原新娘》前很久，我就写了这些文章，十六年以前陆续发表在《侨民》[2]报上。纳西卜·阿里达出于好意，把这些文章收集起来，又加上两篇十二年前我在巴黎写的文章，汇集成书。愿上帝保佑他！在《泪珠与欢笑》之前，即在我童年和青春期之间的那个阶段，我就在作文、写诗，共写了厚厚好几大本！但是，我并没有犯罪把它们拿去发表，今后也决不会的。现给你寄去第二本《泪珠与欢笑》，希望你能注意它的灵魂，而不是它的躯壳。

我对夏勒·盖兰[3]是有好感的，但我感到他归属的那个流派，或者说长出了他这棵枝条的那棵树，并不生长在天堂的森林里。十九世纪下半叶和二十世纪初的法国诗歌，是一个已存在事物的尾声，而不是一个尚未存在事物的开端——我指的是尚未在感觉

1　纪伯伦 1913 年发表的阿拉伯文散文诗集。

2　在美国出版的一份阿拉伯文报纸。

3　夏勒·盖兰 (1873—1907)，法国诗人。

的世界里存在。我相信，雕塑家罗丹[1]、画家卡里埃[2]和音乐家德彪西[3]都已经走上了新路，所以他们确实堪称巨匠。而盖兰和他的同伴们走的是——而且还在走着——由战前欧洲的精神状况划定的老路。虽然他们感受到生活的美丽，感受到生活中的痛苦与欢乐、表象与奥秘，但他们代表的是一个时代的黄昏，而不是另一个时代的黎明。在我看来，当今阿拉伯世界的诗人和作家们，也代表着同样的思想、同样的状况和同样的时代，不过是以一种非常狭小的方式罢了。

说到阿拉伯世界，我要问你：你为什么不教导埃及的作家诗人们踏上新路呢？你是惟一有此能力的人，是什么阻碍你这么做呢？梅伊，你是新黎明的女儿，为什么不去唤醒沉睡者呢？富有才华的年轻女子，过去和将来都抵得上一千个有才华的男人。如果你坚持不懈地去呼唤那些迷茫的、徘徊的、被奴役的心灵，你就会唤醒这些心灵中的生命、意志和对攀登高山的向往，我对此毫不怀疑。去行动吧！要相信，谁往灯盏里添油，就能让家里充满光明；阿拉伯世界不就是你我的家吗？

你为未能出席那次"艺术盛宴"而遗憾，我对你的遗憾却感到惊奇，非常地惊奇。你难道不记得我们是一起去的展厅吗？你

---

1 罗丹 (1840—1917)，法国著名雕塑家。

2 卡里埃 (1849—1906)，法国著名画家。

3 德彪西 (1862—1918)，法国著名作曲家。

忘了我们在一幅幅画作前流连吗？你忘了我们如何在宽敞的大厅里漫步，对线条和色彩背后的象征、意义和旨趣作探寻、评论和研究吗？你忘了这一切了？显然，我们身上的"透明元素"在我们不知不觉中做了很多工作和成就。当我们在一间斗室里读着晚报的时候，它却在地球的另一端鼓翼；当我们和身边的朋友促膝谈心时，它却在拜访远方的朋友；当我们给一位女士斟茶，听她讲述她女儿的婚礼时，它却在肉眼看不到的神秘的田园和森林里穿行。

梅伊，这"透明元素"是多么神奇呀！它又做了多少不为我们所知的工作呀！然而无论我们知道与否，它都是我们的希望和正道，是我们的命运和完善，是呈现着神性时的我们。

所以，我相信你只要稍稍回忆一下，就可以想起我们同去看展览的情景。你不回忆一下吗？

我的信写长了，谁在一件事情上发现了乐趣，就会乐而忘返。

我提笔写信时还不到午夜，可现在已将近黎明。但是，我在开始时想说的话至今一个字还没说呢！我们心中实在的真理，这个真纯的本质，这个被醒觉包围的梦幻，只以沉默来作表露。

是的，我本想向你提出一千零一个问题，可雄鸡已在报晓，而我什么都没有问呢！譬如说，我本想问你，在友谊的辞典里是否真有"我的先生"这个字眼？我在我这儿的这本辞典里找过，但没找到，于是我有点茫然。但我觉得我这个版本的辞典是精校本——也许我说得不对。

这是一个小问题，还有很多更大的问题我要另找机会提出，在另一个夜晚提出。我的今宵已经衰老了，我不想在老朽之夜的阴影里给你写信。

我希望新的一年在你的手掌里布满星辰。

梅伊，愿上帝保佑你。

你忠实的朋友

纪伯伦·哈利勒·纪伯伦

又及：在我写完这封信之后，我打开窗户，发现这城市银装素裹，雪花在静默、坚定、纷纷扬扬地飘着。这纯洁、明净的壮观雪景令我肃然。我的思绪回到了黎巴嫩北方，回到了我的少年时代。那时我堆着雪人，然后太阳出来，融化了雪人……

我爱暴风雪，犹如我爱一切风暴一样。我要出门，此刻就出去。我要在这白茫茫的大雪中漫步。然而我并不是，也决不会是独自一人。

纪伯伦

第13封信

（1920年11月3日，纽约）

亲爱的梅伊小姐：

梅伊，我的朋友。

我最近的沉默是出于困惑和迷惘的沉默。我好几次坐在这"峡谷"里，内心既困惑又迷惘。我想和你交谈，对你表示不满，可是不知道该说些什么。梅伊，我不知道该说些什么，因为我觉得你没有留给我说话的余地；还因为我感到，你想割断那冥冥之手织起的、连接在思想与思想、灵魂与灵魂之间的无形的纽带。

我好几次坐在这间屋子里，长时间凝视着你的脸，但是我一言未发。而你，则打量着我，摇着头，微笑着，好像从同伴的惶惑和失措中得到了乐趣一样。

现在，你甜美的来信就在我面前，我该说些什么呢？这封圣洁的信把我的困惑变为羞愧。我为我的沉默羞愧，为我的痛苦羞愧，为那堵住我的嘴、让我一言不发的高傲而羞愧。昨天我还认为过错在你，今天我看到你的宽厚和怜悯像两个天使一样拥抱在一起，我意识到过错其实在我。

不过，我的朋友，请听我说，我要说明我沉默和痛苦的原因。

我的生命乃是两个生命：一个生命，我用来工作，研究，同人交往，与人斗争，用来探寻人们内心深处的秘密；另一个生命，我是在不受时间和空间限制的遥远宁静而又庄严神秘的地方度过的。去年，当我来到那个遥远的地方时，我环顾四周，看到另有一个灵魂坐在我灵魂的旁边，和我的灵魂交流着比思想更为精妙的思想，与它分享着比情感更为深厚的情感。起初，我以为这是简单而平凡的常情，然而没过两个月，我便相信这其中有着比常情更为深远、比常理更为精妙的奥秘。奇怪的是，当我从这一次次心灵之旅回到现实时，我感到有一只雾霭一般的手在触摸我的脸庞；有时候，我还听到像孩童喘息一样细嫩、轻柔的声音在我耳边低徊。

有些人说我是个"幻想家"，我不知道他们到底是指什么，但我知道，我并没有幻想到欺骗自己的地步。即使我想欺骗自己，我的内心也不会相信。梅伊，心灵所见的生活，乃是与之有关的生活；它所相信的，也是它的亲身体验。凡心灵体验过的事物，就成了心之树上的一棵枝桠。去年，我便体验了一件事，是体验而不是幻想，是体验了多次，是用我的心灵、理智和感觉体验的。我体验了，我本想当做一桩隐私隐瞒起来，但我没有隐瞒，而是向一位女友作了透露，因为我当时感到了要把它透露出来的迫切需求。你知道我的女友对我说了什么吗？她立刻说道：

"这是一首抒情诗！"假设有人对肩头抱着孩子的母亲说道："这不过是个木头娃娃，你却那么当真地抱着！"你说，这母亲该怎么回答？又会有什么感受？

几个月过去了，可"抒情诗"这个字眼依然镌心刻骨。可我的女友还嫌不够！她并未作罢，而是盯牢我不放。我说的每一句话，她都要加以责备；我想要看清的每一样东西，她都掩藏在面具后面；我每次伸出手来，她都要在上面钉上钉子。

这以后我失望了，没有什么比失望更让心灵痛苦的了；也没有什么比一个人对自己说"我失败了"更为艰难的了。

梅伊，失望是心灵潮汐的低落，失望是一种无声的情绪。因此，在最近几个月里，我坐在你的面前，久久地凝视你的面孔，但我未发一言。因此，我也没有写信；因此，我暗自地说：我已无可奈何了。

然而，每个冬天的心中都有春天在萌动，每个黑夜的后面都有黎明在微笑。我的失望也终于转变为一种希望。

我在绘作《向着无穷》时的那段时光是多么神圣！一个女人把双唇印在另一个女人的颈上，并和她低语的情形是多么甜美而庄严！在我们内心深处言语的光明是多么璀璨，这道光明是多么璀璨呀，梅伊！

上帝让一个男人置身于两位女子中间：一位用他的梦幻编织醒觉，另一位用他的醒觉编织梦幻——我如何评说这个男人呢？

对一颗被上帝置于两盏明灯之间的心灵，我又如何评说呢？我怎么说这个人呢？他悲伤吗？我不知道，但我知道自私不以他的悲伤为邻。他幸福吗？我不知道，但我知道自私并不靠近他的幸福。他是这个世界的异乡人吗？我不知道，但我问你，你是否愿意把他继续视同陌路呢？他真是个异乡人，无人懂得一句他心灵的语言吗？我不知道，但我问你，你是否不愿用你最精通的语言和他交谈呢？

你不也是这个世界的异乡人吗？你其实不也与你周围的环境、与你周围的种种目的、意图、倾向、宗旨格格不入吗？告诉我，梅伊，请你告诉我，这世界上有许多人懂得你心灵的语言吗？你有几次曾遇到这样的知己呢：他在你静默时倾听你，在你沉寂时理解你，在你和他对坐于屋舍之内时，与你同游在生活至圣的殿堂里？

你我都属于蒙上帝赐予了许多朋友、爱人、仰慕者的那种人。不过，告诉我，在那些热心、忠诚的人们中间，可有这样的人呢：你我能够对他说"哎呀，你替我背一天十字架吧"？他们中可有人知道在我们的歌声后面，还有一曲不受声音限制、不在琴弦上颤抖的清歌？他们中有人理解我们悲伤中的欢乐、我们欢乐中的悲伤吗？

你对我说："你是艺术家，你是诗人，你应该幸福满足，因为你是艺术家和诗人。"可是，梅伊，我既不是艺术家，也不是诗人。我的白天和夜晚都在作画和写作，但是"我"却不在我的白天和夜晚。我是一团"雾霭"，梅伊，我是笼罩一切的雾霭，但我不和这一切合一；我是尚未凝结成雨珠的雾霭。我是雾霭，在雾霭里有我的孤独和寂寥，有我的饥与渴。我的不幸在于：这雾霭——它是真实的我——期待着和另一团雾霭在空中相会，期待着听到有一个人说道："你并不孤独，我们两个在一起，我知道你是谁。"

请告诉我，请告诉我，我的朋友，在这世界上是否有人能够并愿意这样对我说："雾霭啊，我是另一团雾霭！来吧，让我们在高山和深谷盘旋；来吧，让我们在林间和树梢穿行；来吧，让我们淹没高耸的山岩；来吧，让我们进入生灵的内心和堂奥；来吧，让我们去遨游那些遥远艰险、不为人知的所在。"请告诉我，梅伊，在你们那里，是否有人愿意并能够对我说这些话里的哪怕一个字呢？

你还要我笑起来，要我"宽恕"。

从这个早晨起，我一直在笑。啊，我从内心深处微笑，我全身心地微笑，我笑得很久，好像我是专为微笑而被创造的。至于"宽恕"，可是一个重大、危险、可以致命的字眼啊！它让我惭愧、惶悚地面对如此谦虚的高尚灵魂，让我俯首请求这灵魂的宽恕。伤害人的乃是我，我在沉默中、在失望中伤害了人。因此，我请求你原谅我的过错，请你宽恕我。

　　我们本该在这次谈话之初先谈谈《荒漠探者》[1]这本书，然而我们自己的事情总在操纵着我们，其中有一种力量，能将我们从最遥远、最重要的问题上吸引过去。

　　我还从未读过类似《荒漠探者》的阿拉伯文或其他文字的书。我生平还从未见过以这样的线条和这样的色彩勾画出来的两幅图画，从未看到过置于同一框架里的两幅画：一位是个身为文学家、改革家的女性，一位是个比文学家、改革家更为伟大的女性。我生平也从未见过一面镜子里有两张面孔：一张女性的面孔半掩在土地的阴影下，另一张女性的面孔沐浴在太阳的光芒里。我说"女性的面孔半掩在土地的阴影下"，是因为我几年前就感到、现在依然感到："荒漠探者"并未超脱周围的物质环境，并未摆脱民族、社会对她的影响，直到死神解开了她的桎梏。至于另一张面孔，那张全部沐浴在阳光里的黎巴嫩人的面孔，在我看来是第一个高升到"以太"殿堂里的东方女性的面孔，在那个殿堂里，精神脱离了传统习俗、因循守旧的尘躯；那张面孔，也是第一张意识到存在同一性的东方女性的面孔，意识到存在中包含着隐秘和显明的、已知和未知的事物。明天，当岁月将作家诗人们的作品弃置到遗忘的深渊里，《荒漠探者》一书将依旧受到研

1　"荒漠探者"为埃及女作家麦莱克·哈芙妮·纳西芙的笔名，梅伊以此为书名撰写了这位女作家的传记。

究者、思想家和清醒的人们的赞佩。梅伊，你是大漠中的一声呐喊，你是一句圣者之音，而圣者之音将在"以太"的空间里回旋，直至时间的尽头。

现在，我应该回答你的每一个有趣的问题，我应该一个都不遗漏。首先，"我怎么样？"——最近我没考虑过我"怎么样"，但我想可以说状况挺好，虽然日常生活中也有形形色色、五花八门的冗务搅扰。

"我在写什么？"——我在每个傍晚和清晨之间写上一两行。我说"在每个傍晚和清晨之间"，是因为眼下我在白天埋头创作一些大型油画，这个冬天结束前必须画完。如果不是这些油画和束缚着我的合同，那我这个冬天就会辗转在巴黎和东方之间了。

"我很忙吗？"——我很忙，甚至睡觉时也在忙着，像石头那样一动不动时也在忙着。但我真正的工作却既非写作也非绘画。梅伊，在我的内心，有一种和语言、线条、色彩都没有关系的活动，我为之而生的工作是不用画刷和笔杆的。

"我今天穿的衣服是什么颜色？"——我通常同时穿着两套衣服，一套是由织工编织、裁缝裁剪的，另一套则以血肉骨骼为材料！今天我穿的是一件下摆很长、肥大宽松、沾满了墨迹和颜色的外衣，总体来说和苦行者的衣服没有差别，只不过它比较干净一些！至于第二件血肉骨骼为材料的衣服，则已被我丢在对面的房间里，因为和你交谈时我愿意它离得远远的。

"从早晨起我吸了几支烟？"——这问题多么甜蜜，又是多么难以作答！梅伊，今天是个吸烟的日子，从早晨到现在我已抽了二十多支！吸烟对我来说是个乐趣而不是积习。有时候我一星期都不抽一支烟。是的，今天我已抽了二十多支，这要归咎于你！因为如果是我一人在这"峡谷"里，那我是决不会抽烟的！但我不想独自一人。我的房屋依然是没有屋顶和墙垣的，我们中有谁愿意被囚禁呢？而沙砾的海洋和"以太"的海洋，它们的今天也一如昨天——深邃，起伏，无边无际。我搭乘的渡越这海洋的船正在航行，但是行速缓慢。谁能够并愿意在我的船上加上一片新帆呢？但愿我能知道谁能够并又愿意！

《向着上帝》一书还在云雾的作坊里，其中最好的画还只是空中和月亮上的线条。《孤独者》已在三个星期前以《先驱》为书名出版，我已给你寄去一册，同时寄去的还有一册《暴风雨》，以及我葡萄园里的未熟之果《泪珠与欢笑》（这是第三次寄此书了）。我未给你寄上我的出版商今夏出版的书目，因为这个夏天我还在遥远的野外——这里还有另一个原因！

至于那些画、瓷器、玻璃器皿、古书、乐器以及埃及的、希腊的、哥特式的雕塑，则正如你所知，它们是永恒不朽精神的表现，是散落在上帝之书中的言词。多少次我曾面对它们而坐，遥想着创造出它们的那种愿望；多少次我凝视着它们，直至它们从我的视线里消失，代之而来的是将它们从幽冥世界带到有形世界的历代的精魂。我尚未得到迦勒底的黑石雕像，但今年春天我的一位随英军远征伊拉克的英国朋友给我写信，说"如果我发现了什么，那就是你的"。

我已经无一遗漏地回答了你的所有问题。可写到这里，我在第一页开头时就想说的话一个字都没说呢。梅伊，我的雾霭还没有凝结为雨珠；那静谧，那长着翅膀的不安的静谧，还没有化为言词。可你何不让这雾霭盛满你的手呢？你何不闭上眼睛听那静谧言说呢？你何不再路过这"峡谷"——这里孤独像牧群一样彳亍，像鸟群一样盘旋，像小溪一样奔流，像青松一样挺拔。梅伊，你何不再来此地呢？

愿上帝保佑你。

纪伯伦

第14封信

（1921 年 1 月 11 日，波士顿）

梅伊：

我们现在已经抵达了一座高峰，前面出现了平原、森林和河谷，让我们在此坐一个时辰，交谈片刻。我们不能在此久留，因为我看到远方还有一座更高的山峰，我们应该在日落前到达。但只有你高兴了我们才能离开此地，只有你心安了我们才会前进一步。

我们已经跨越了一个艰难的障碍，有点手忙脚乱地跨过去了。我得承认，我是过于迫切而执著了。但我的迫切，是由比我们所说的"意志"更强有力的东西造成的。我得承认，有些事情我做得并不明智，但生活中不就是有着智慧的手指不能触及的事物吗？我们心中不就是有着令智慧一筹莫展的奥秘吗？梅伊，如果我的那些体验与我过去体验过的有一点相似，我就不会诉说了。但这次是全新的，奇特的，突如其来的。如果我当时身在开罗，我会向你当面表明——直截了当、不带个人目的地表明，这样我们间就不会产生误会了。可惜我不在开罗，因而只能靠通信。而有关这种"题材"的通信，会给最简单的事情披上复杂的外衣，给率直的面孔遮上厚厚的造作的面纱。多少次我们想用自己谙熟的词语、用惯从我们笔端流在纸上的词语，来表达一个简单的思想，但结果却写成了"散文诗"或"幻想的文章"。究其原因，就在于我们用来感觉和思考的语言，比我们写作的语言更为真诚和准确。当然，我们爱好散文诗或格律诗，也爱好幻想的或非幻想的文章，但活生生的、自由的情感是一回事，用通信来表达是另一回事。从我还是小学生起，我就尽可能地避免使用陈词老调，因为我觉得，我到现在还是这么觉得：陈词老调更多的是掩盖、而不是表露思想和感情。但现在看来，我也并未摆脱我讨厌的东西。看来这一年半以来我还停留在十五岁的水平，其证据就是我的信造成了各种误会。

我再说一遍，如果我在开罗，我们就会面对我们的心灵体验伫立，如同我们伫立在大海、繁星和茂盛的苹果树前一般。虽然我们对这体验有点陌生，但它不比大海或繁星或茂盛的果树更令人陌生。而奇怪的是，我们对大地和天空的奇迹心悦诚服，同时却不愿相信我们灵魂中显现的奇迹。

梅伊，我原来认为，现在仍然认为：有些体验只有在两人同时感觉时才会存在。或许首先是出于这种想法，才有了那几封信，你为这些信而告诫自己说："我们应该就此停住了。"感谢上帝，因为我们没有"就此停住"。梅伊，生活是不会在任何一个地方停住的，这个壮丽的队伍只能前进不息，从无穷向着无穷。

我们，我们这些把生命看得神圣，对生活中正义的、吉祥的、甘美的、崇高的事物心驰神往的人们，我们这些如饥似渴地追求着生活中恒定的、长驻的事物的人们，是不愿说、也不愿做那些给人带来恐惧，或让灵魂"充满荆棘与苦涩"的事情的。我们不愿也不能触摸祭坛，除非我们的手指经过了火的洗礼。我们如果爱上了什么，梅伊，我们便视这种爱为目的，而不是获取别的东西的手段。如果我们在一种崇高的事物前谦卑地屈从，我们便视这种屈从为高贵，这种谦卑为甘露。我们如果渴望什么，我们便视这渴望本身为馈赠与恩惠。我们知道：最遥远的事物乃是最适合、最值得我们心仪和思念的。我们——你和我——真的不能站在阳光下说："我们应该免受不必要的折磨。"不能的，梅伊！我们不是不需要在我们的心中加入神圣的酵素，我们不是不需要引领我们进入上帝之城的队伍，我们不是不需要使我们接近自己的"大我"、将我们灵魂中部分的力量、奥秘和奇迹昭示给我们的神力。在这一切之外，我们还可以在最微小的精神现象里发现思想的幸福；从一朵鲜花里我们可以看到春天蕴涵的所有秀美与绚烂，从乳儿的眼光里我们可以发现人类全部的希冀与愿望。所以，我们不想把最近的事物作为我们达到最远事物的手段或前奏，我们不想也不能站在生活前面提出条件："请给予我们所欲的，否则什么都别给我们——要么如此，要么作罢。"不，梅伊，我们不这么做，因为我们知道，生活中正义的、吉祥的、恒定的

事物，是不会照我们的意愿行进的，而是带着我们照它的意愿行
进。在有七千里之遥将我们分隔的情况下，我们将灵魂里的一个
秘密宣布，除了享受宣布这秘密的乐趣，我们还有什么奢望呢？
我们伫立在圣殿的门前，除了以伫立本身为荣耀外，还能有什么
目的呢？鸟儿的歌唱，香草的熏焚，难道抱有企图吗？在这些孤
独的心灵里，不是只存在有限的期望吗？

　　你对我生日的祝福是多么甜蜜，其芳香是多么馥郁！可是，
梅伊，请听听这个小故事，拿我取笑一下吧！那还是战前，纳西
卜·阿里达想把《泪珠与欢笑》汇集出版，并把《我的生日》一
文收进那个短集去。他认为要在题目中注明我的生日日期，可当
时我不在纽约，他便搜寻起来（他是个不厌其烦的搜寻家），也
终于从英文中找到了这个遥远的日期，可是他把"January 6th"[1]
译成了"12月6日"！就这样，他把我的年龄减去了一岁，把
我的出生日期推迟[2]了一个月！从《泪珠与欢笑》出版至今，我
每年都要过两个生日：第一个是翻译错误造成的，第二个也不知
是"以太"中的哪个错误所致！从我这儿窃走的那一年，上帝知
道，你也知道，我是以高昂的代价换来的，是以我心灵的搏动，
是以七十个砝码无声的痛苦和对未知的向往换来的，我怎么会容

1　英文1月6日。

2　原文如此，为作者笔误，应作"提前"。

许一个书中的错误夺去呢？

　　梅伊，我远离开了"峡谷"。十天前我为作画来到了这个城市——波士顿，要不是他们把寄到我纽约寓所的一包信件转寄到这里，那我就又有十天读不到你的信了。你的这些信解开了我灵魂绳索上的一千个结扣，将等待的沙漠变成了花园和苗圃。梅伊，等待是时间的坟墓，而我经常处于等待中。有时候我觉得自己的一生都在期待着尚未发生的一件事情。我多么像那些躺在耶路撒冷"毕士大池子"边的盲人和瘫子，"因为有天使按时下池子搅动那水，水动之后，谁先下去，无论害什么病就痊愈了。"[1]

　　而今天，我的天使已经搅动了我的池子，我发现了将我抛入水中的人。我目光炯炯、步伐坚定地行走在这个庄严而神奇的地方。我与一个幻想并行，这幻想比所有人的真理都更美丽、更显明。我行走着，我的手握着一只像丝般温柔、却又有特殊意志的有力的手；它的手指那么纤细，却能够举起重负，砸碎锁链。我不时地环顾四周，看到一双闪耀着光芒的眼睛，和两片挂着微笑的嘴唇，这微笑甜美得令人销魂。

　　有一次我跟你说过，我的生命一分为二，其中之一用以工作和与人交往，另一生命则在雾霭中度过。但这是昨天的事情，今天我的生命已经合二为一，我是在雾霭中工作，在雾霭中与人会

1　见《圣经》"约翰福音"第五章第四节。

聚，在雾霭中睡眠，梦幻，然后醒来。这是一场酣欢，在四周能听到翅翼的鼓荡。这里的孤独已不复是孤独，向往未知的痛苦比一切已知事物更为美好。这是一种神仙般的陶醉。梅伊，这神仙般的陶醉，它把遥远的移近，把隐秘的显明，让一切沐浴在光明之中。我现在知道，生命若缺少了这种心灵的酣醉，就失却了精华，只剩下皮毛。我确信，我们所说、所做、所思的一切，都比不上我们在雾霭中度过的一分一秒。

你执意要让"抒情诗"这个字眼剜我的心口！你想让它对这个负载我、也被我负载的荏弱的皮囊报复。让它剜吧，让它挖吧，刨吧！让我们呼唤所有在"以太"里沉睡的"抒情诗"，令它们在这辽阔的"国度"开掘沟渠，拓展通道，建起宫廷、高塔和殿堂，将崎岖之地变为花园和果圃；因为一个巨人的民族已经选择它为自己的故乡。梅伊，你是这开辟疆域的巨人民族之一员，同时，你又是年方七岁的小女孩，你在阳光下欢笑，在蝴蝶后面追扑，在花丛中采摘，在水车上面蹦跳。对我来说，生活中最有趣、最美好的事情，莫过于在这甜美的女孩后面追赶，把她抓住，将她一把抱起，举上肩头，然后带她回家，给她讲述一个个希奇古怪的故事，直到瞌睡虫爬上她的眼帘，然后她安静地、天使一般地……入睡。

　　　　　　　　　　　　　　　　　　纪伯伦

第 *15* 封信[1]

（1921 年 4 月 6 日，纽约）

……

……东方人的心，于是他们对多情者的钟爱也随之消逝吗？卓越的女子掩盖起自己的内心，不让人们看到它，察觉它，这难道是明智的吗？上帝已把你的灵魂和智慧都遣派给我们，我们迫切地需要你灵魂的光芒，需要你智慧的火花。那么，请问，你为何不把两者一起奉献给我们呢？

现在，我们已结束了"浴血战斗"。父亲、兄弟、同事、朋友，他们和全家人一起，向你走来，他们要求你把你的精神和心灵谱写成诗歌和辞赋，要求你像修女一样站在祭坛前面，哪怕是每两个月一次，讲述那个存在于思想、知识、学问和逻辑后面的神秘世界。

有一个最新消息：我得到了一架第一流的望远镜[2]，每天晚

---

1 此信前两页遗缺。

2 在这页信笺上，纪伯伦画了一个支在地上的大望远镜，一位男子在镜前观察，望远镜正对的前方，是一个长着翅膀的女性天使。

上，我都要花上一两个小时，凝望无穷，神寄天涯，面对着浩渺的宇宙而肃然。现在正是夜半时分，猎户星座正处于夜空中理想的位置。曼丽，你知道，靠近猎户星座周围的星云是太空中最美丽、最壮阔的景观。那么，起来吧，我的伙伴！起来，让我们登上屋顶，遥望天使的眼中流露的一切惊奇、怜爱、富于智慧的美。我的女士，我要说：一个男人，只有得到了上帝赐予的、如我的小公主一样的女儿，他的心才不会像空旷的沙漠一般荒凉；我的女士，我还要说：谁如果没有女儿，那就让他收养一个，因为岁月的奥秘和真谛都隐藏在娇小女儿的心中。

我称我的女儿为"公主"，是因为她的一举一动、一颦一笑、她的音容、她的嬉戏、她别出心裁的招数……她的一切都表明她的公主风范。她还有点霸道呢！她的主见是无人可以改变或协商的——可是，她的霸道与专制又是多么甜美和温馨啊！

这是封短信，短极了，可它是我五个星期来写的第一封信。你没有读出字面上没有的东西吗？当我从床上起来后我会给你再写一封。春姑娘将要拉住我的手，把我从这被褥中拽起，带我前往青葱碧绿的地方。在那里，生活要重新振作她的儿女们的意志，将他们的低语和时断时续的气息，化为歌吟和欢声。

我的朋友，梅伊，请你不要生我的气，我请求你不要生气。给我一点祝福吧，我是经常为你祝福的。

纪伯伦

第*16*封信

（1921 年 3 月 21 日晚，纽约）

梅伊，我的朋友：

　　"多多地，温柔地；多多地，温柔地"，这是不久前展现给我的一个平凡的真理。于是，我灵魂中又打开了许多扇新的窗户和门扉。当我认识到这个真理，我发现自己面对着我从未在这个世界上梦想过的景象。

　　"多多地，温柔地；多多地，温柔地"，从这"多多"中，从这"温柔"中，我学会了快乐地祈祷，平静地企盼，学会了不失自尊地顺从。我懂得了：一个孤独的人可以凭"多多"的光明照亮他孤独的世界，凭"温柔"的甜美驱散他工作的辛劳。我还懂得：一个寂寞的生客可以作父亲、兄弟、伙伴和朋友，更可以成为过着快乐生活的孩童。"多多地，温柔地"，在这"多多"中，在这"温柔"中，自有广庇的翅翼和祝福的手掌。

　　今天我的身体好于一个月之前，但我还是个病人，这个羸弱之躯依然是没有秩序，没有节奏和韵律。你要我告诉你到底有什么不适，下面是医生诊断的主要内容：

Nervous prostration caused by overwork and lack of nourishment.General disorder of the system.Palpitation was an inevitable result.Pulse beats 115 per minute — the normal is about 80.[1]

　　是的，梅伊，在过去两年里，我让身体超负荷地运转。只要天还亮着，我就不停地作画；夜间写作，一直写到凌晨；还要作讲演；还要和各种人打交道——这可是一桩阳光下最难的差事！我在餐桌旁坐下了，还要忙于和别人说话，等端上咖啡，我喝得很多，既当饮料也当食物。许多次在我过了半夜回到家后，我没有遵从上帝给我们人体立下的规律，而是用冷水浴和浓咖啡提神，把剩下的夜晚用在绘画或写作上，或者是用在十字架上。如果我也像家乡黎巴嫩北部的居民那样，那么疾病就不会这么快把我击倒。我的同胞们身材魁梧，强壮有力，而我却与他们相反；这些强健的人们体魄上的长处，我半点也没有继承下来。你瞧，我用这么多的篇幅谈起我的病，我真不该这样，但有什么办法呢？对你带着甜蜜的关怀，带着"希望与祝福"的问题，我只能一一作答。

　　那封在一排游艇[2]对面美丽的花园里写下、用铅笔写在一张

1　译文："过度劳累和缺乏营养造成神经衰弱，心脏功能失调，心律过速，　脉搏达每分钟115次，正常应为80次。"

2　纪伯伦在此注道："我对游艇记得很清楚，我在埃及时曾经见过。"

四边打好直线的本地信纸上的长信在哪儿呢？梅伊，给我的信在哪儿呢？你为什么没有寄来？我想得到它，我想完完整整地得到它。你可知道，在我读了那封信的片断后——那神圣的片断是新的一天的曙光——我是多么想得到它啊！你可知道，如果不是我害怕"疯癫"这个词，那我就会在昨晚给你发去电报，请求你把信送到邮局的！

梅伊，你看出来我良善吗？你是否需要良善呢？这是个甜蜜得足以伤人的问题，我怎么回答呢？我的朋友，如果在我身上有什么东西是你需要的，那它完完全全属于你。良善本身算不上美德，良善的反面是愚蒙——有了"多多地、温柔地"，还会有愚蒙的立足之地吗？如果良善在于对美的爱好、对崇高的敬畏、对遥远和未知事物的向往——如果良善指的是这一切，那我就是良善的人。否则，我就不知道我是什么、我是谁了。梅伊，我感到，高尚的女子是可以让男人的灵魂变得良善的，即使他是个愚蒙的人。

但愿我此刻身在埃及，但愿我身在我的祖国，在那些我心爱的人们身边。你知道吗，梅伊？我每天都幻想着：自己在一座东方城市郊外的一间屋子里，我对面坐着我的女友，朗诵着她最新尚未发表的文章。于是我们就这题目讨论良久，后来一致认为这是她迄今所写最好的作品。然后，我从床头抽出几页纸来，朗读了一篇昨夜写的东西。我的女友称赞了几句，却在私下说："他在这种状况下不该写作。文章的结构显得软弱混乱，他在完全康复前不该写什么动脑筋的作品。"我的女友私下里这么说着，我也在暗地里听到了，我有点服气，可我马上大声说道："给我一点时间，给我一两个星期，我会给你朗诵一段美文，一段极美的文字。"她又直率地回答："你应该停止写作、绘画和别的所有工作，停止一两年；否则，我是要生气的！"我的女友在说"生气"的时候，用的是充满"绝对专制"的语气，然后又像天使一样笑了。她这么忽而气恼、忽而微笑，让我一下子惶惑起来，可我马上又为她的气恼和微笑而高兴，也为我的惶惑而高兴。

说到写作，你知道我是多么为你近几个月发表的文章和小说而高兴和自豪吗？我每读完一篇文字，都感到我的心智有所长进，有所延伸；每读完第二遍，又觉得作品的普遍含义转变成了某种属于个人的东西：我能从主题和形式里看出别人看不出的东西，我能从字里行间读出专门为我写的东西。梅伊，你是生命的一座宝藏，不，不止如此——你就是你！赞美上帝，因为你属于我是其中一员的那个民族，因为你生活在我也生活其中的这个时代。每当我幻想起你生活在上个世纪或下个世纪时，我就会举起手在空中挥动，就像要把一团烟雾从面前驱走一般！

再过两三个星期，我就要去野外，住在一间像梦幻一般坐落在大海和森林之间的小屋里。那森林是多么美丽，那里的飞鸟、鲜花和泉水是多么丰富啊！在前几年，我是一个人孤单单地漫步在森林里，到了黄昏我来到海边，忧郁地在岩石上坐下，或者投身到海波里，像那些要逃离尘世和其阴影的人们一样。但在这个夏天，当我在森林里漫步，当我在大海面前坐下，我的灵魂里有了一种让我忘却孤独的东西，我的心灵里有了一种让我不再忧郁的东西。

告诉我，梅伊，今年夏天你要做什么？你是去亚历山大的沙滩还是去黎巴嫩？你是一个人去我们的黎巴嫩吗？唉，天晓得我什么时候才能回黎巴嫩呢？唉，你能告诉我吗，我什么时候才能脱离这个国家，挣脱我的欲望套在我脖子上的这些金锁链？

梅伊，你还记得有一次你说过的事吗？你说：布宜诺斯艾利斯的一个记者给你寄去一封信，向你索要你的相片和文章。我对这个记者的要求和所有记者的要求都一直耿耿于怀，每想起来我都要伤心地感叹："我不是记者，我不是记者呀！所以我难以索要记者要的东西。如果我是一家杂志或报纸的编辑，我就可以自由地要她的相片了，用不着羞怯和惶恐，也不必用颤抖的言词编织一番引言了。"过去和现在，我都在心里这么感叹，那些把我的心当做自己故乡的人们，能听到这心声吗？

噢，已是午夜了，可到现在，我还是没有写出挂在我唇间的那个字眼呢，那个我时而低语、时而大声说出的字眼呢。我把这字眼交给静夜的心中，是静夜，保存着我们温婉地、热切地、虔诚地说出的一切；是静夜，梅伊，将我们的祷告带到我们希望的目的地，或将它高高地携到上帝的面前。

　　我这就上床去，今夜我要好好地睡一觉，我要在梦中对你说出未写在这纸上的话。晚安，梅伊，上帝保佑你。

纪伯伦

第17封信

（1921 年 5 月 30 日晨，纽约）

梅伊，曼丽，我的朋友：

　　我刚从一个奇怪的梦中醒来。在梦中，我听到你对我说着甜蜜的话语，但用的却是痛苦的语调。而更让我不安——让我极为不安的是：我梦见你的额头有一处滴血的小伤口。在我们的生活中，没有比梦幻更令人寻味、让人琢磨的了。我是经常做梦的那种人，但我不记得梦，除非这梦与我所爱的人有关。我不记得以前曾做过比这更清楚的梦。因此，这个早晨我心烦意乱，忐忑不安。你动人的话语里那痛苦的音调意味着什么？你额头的伤口又是什么意思？哪个人可以说清楚为什么我如此郁闷和惆怅？

　　我将在内心作祈祷中度过我的白天，我将在我寂静的心中为你祈祷，我将为我们祈祷。上帝赐福你，梅伊，愿上帝保佑你！

纪伯伦

第*18*封信[1]

（1921 年 6 月）

梅伊，我的朋友：

这张相片是多么漂亮！这个"小女孩"是多么甜美！她眼里的智慧之光是多么粲然！她内心体验的流露又是多么分明！噢，我生平还从未见过这样的一张女孩的面孔呢！如果我是在 1904 年见到，我当时就会断言："这额头的后面蕴蓄着一股奇异的力量，必将在日后显明；这张嘴的后面酝酿着一首歌曲，必将在黑夜吟唱。"

梅伊，这张相片是多么漂亮，它带给我多大的快乐！唉，我为什么没有在此前得到它呢？我为什么没有得到别的、更多的相片呢？我欲求而不得，是出于命运呢，还是由冥冥中的公理或某一种法则决定？我的眼睛如饥似渴地期望着更多的相片，唉，我眼睛的饥渴何时能得到消解呢？

1　这封信是在梅伊的一位女友处发现的，没有标明日期，但据开头提及收到梅伊相片一事来看，似应在 1921 年 6 月或稍后写成，因为上一封信中纪伯伦很含蓄地提出了索要相片的要求。本信后一部分遗缺。

我再说一次，我是太喜欢这张相片了！如蒙上帝恩准，唉，如蒙上帝恩准，我还会得到一张更新的相片的。

那个认真的"少年"讲述了我的姑娘的许多奇妙故事；而那个可爱的"小家伙"，则用他娇柔的语言说了一通让我摸不着头脑的话。感谢那个尊贵的少年和那可爱的小家伙，感谢他们对我说的一切。

上帝啊上帝！看看这世道！世事无常，我竟然也被人称作"贤达君子"了！这还只是开端，如果我能尽享天年，用不了多久还会有人说"久违久违，您还健在呢！"

至于我犯下哪项国际罪行，以至要得到这样的特殊照顾？说起来，都因为我索要了那封"写在一张四边打好直线的本地信纸上的信"。没关系，不管怎么说，我还是富有耐心的，我以胜过约伯[1]的耐心自豪……但我的女士应该知道：如果那封信在我的手里，而我的女士想得到它，那我会马上给她寄去的。可我明天就要去森林里，我要坐在一棵最美的树的下面，用铅笔在一张四边打好直线的纸上写封长信，写一封单纯朴素、没有应酬客套的信。为了体验一下我的女士将信留在身边的乐趣，我也要把信留在身边；为了完完全全地体验这乐趣，我要用铅笔写我的信。

至于"灵魂之舍"，梅伊，你不必担心它会受到紊乱和骚动

---

1 约伯，《旧约》人物，以坚韧而富有耐心著称。

的侵损，它安然无恙，与我和我周围发生的一切全无关系。疾病是在皮囊里，而不是在精神之器里。我的身体有时像秋天枯萎的落叶，可我的灵魂却始终沉醉在宁静的梦乡里。上帝用以建造"灵魂之舍"的元素，其本质是不受我们肉体的不安影响的，而是永远沉浸在神圣的安宁中。

　　这些天里，我不过是充当这"灵魂之舍"的门丁，如果一年后潮流将我卷走……

第 *19* 封信

（1922 年 5 月 9 日，纽约）

我尊敬的朋友：

　　你问我，我的女士，问我的思想、心灵和精神是否孤独。我该如何回答呢？我觉得我的孤独不比别人的孤独更甚、更深。我们都是孤独寂寞的，我们都是一个隐约的秘密，我们都蒙着一千零一层的面纱。孤独者和孤独者若有不同，不过在于一位诉说了他的孤独，而另一位则保持了缄默。诉说也许能带来安慰，而缄默也许代表某种美德。

　　我的女士，我不知道我的孤独、以及与之俱来的忧愁，是体现了"某些个人偏爱的"现象，还是证明了在"我"之中是不存在个性的？我真是不知道。不过，倘若孤独就是软弱的标志，那我无疑是最最软弱的人了。

　　至于《我的心重负着果实》一文[1]，倒并不是"一个诗人在片刻伤心时的呻吟"，而是一种"许多人感受过并正在感受的、根深蒂固的、古老的、普遍的情感的回音"。我的女士，你知道，

1　纪伯伦的一篇散文，后收录在 1923 年出版的散文诗集《奇珍异宝》中。

与其说我们渴望饮用别人注入我们杯中的醇酒，倒不如说我们更乐意将我们灵魂的琼浆倾入别人的杯盏。这一特点有时不免显得自负，却又很自然。

"孤独的苦恼和痛苦在人群中显得尤为强烈"，你这话说得多好啊！这是一个基本的事实。有多少次我们坐在同僚们和有所求的人们中间，和他们议论、争辩，同他们交谈、共事；我们忠实地、愉快地做着这一切，但这一切都没有超出属于表象世界的"外在之我"，至于另一个"自我"，那隐秘的"自我"，则依然孤独地停留在本源的世界。

人们，我也和他们一样，都偏爱烟雾和灰烬，对于火焰却感到惧怕，因为火光会刺痛他们的眼睛，火花会烧灼他们的手指。人们，我也和他们一样，乐意埋头琢磨他们相互之间的细枝末节，而对本质却毫不理会，因为本质是他们感官触及不到的事物。不打破表象，本质如何能显现呢？对于一个人来说，撕破自己的内心，让别人看清其中的一切，确实并非易事。这便是孤独，我的女士，这便是忧愁。

去年夏末我对你说的话有误——而且是有点故意的。当时我说："六个星期以来，我一直试图给你写信"，我应该这么表达："六个星期以来，我一直雇了几个人来处理我的信件，因为我右臂神经疼痛，无法写字。"可我做梦也没有想到，"试图"一词却变成我女友手中的解剖刀。我原先以为，长着翅翼的灵魂是不会囚禁在言辞的樊笼里的；我原先幻想，雾霭是不会凝固板结的。我这么幻想着、幻想着，我在幻想中悠然自得，直到天亮时我从梦中醒来，却发现自己坐在堆积如山的灰烬上，我手执的是被捣碎的芦苇，头戴的是荆棘编的刺冠……没关系，反正是我错了，有过错的是我，梅伊！

希望你在未来能实现去欧洲旅行的愿望。你会发现，尤其是在意大利和法国，有那么多令你心旷神怡的艺术和工艺的杰作。那里有众多的博物馆和研究所，有大量哥特式的古教堂，有十四、十五世纪文艺复兴时期留下的古迹；那里还有被征服的和被遗忘的民族留下的最出色的遗迹。我的女士，欧罗巴是内行而又狡猾的盗贼的巢穴，这盗贼知道奇珍异宝的价值，也知道如何将这些宝物窃为己有。

我本想在明年秋天回东方去，但我稍作思索后觉得：在陌生人中间感受的孤独，比我在兄弟姐妹中间感受的孤独更易忍受。我不是舍难就易的人，但绝望有如疯狂一样，也是多种多样的。

请接受我的问候和最良好的祝愿，愿上帝保佑你！

忠实的

纪伯伦·哈利勒·纪伯伦

第20封信

（1923年10月5日，纽约）

不，梅伊，紧张并非出现在我们如雾霭一般的神交中，而是出现在我们的笔墨口舌里。我在那遥远、宁静的原野里所见到的你，永远是甜美的，温婉的，敏察一切的，无所不知的，永远借着上帝之光看待生命，又以自己灵魂之光照耀生命。然而我们一旦通过白纸黑字聚会时，我眼中的你，一如你眼中的我，都成了最爱纷争、较量的好斗者，热衷于按照有限的规则、为了有限的结果而作智力的较量。

愿上帝宽宥你！你夺去了我心灵的平和，若不是我的恪守和坚执，你会把我的信仰也夺去的。真奇怪：我们最爱的人正是最能够搅乱我们生活的人！

我们不该互相责备，我们应该互相谅解。而要达成谅解，我们就必须像孩童一样纯真地交谈。你我都偏好舞文弄墨，醉心于技巧、创意、修饰、布局等等。我们——你和我——现已知道：友谊和精巧的文辞是不易并存不悖的。梅伊，心灵是纯真的，心灵的表现也是纯朴简单的；而精巧的文辞则是社会的复杂产物。

让我们舍弃精巧的文辞，而使用简单的话语，你说好吗？

"你生活在我之中，我生活在你之中；你了解这一点，我也了解这一点。"

这寥寥数语，难道不是远远地胜过我们以往说过的一切吗？在去年，到底是什么妨碍了我们说出这样的话语呢？是羞涩或是高傲？是社会的陈规旧俗？还是别的什么？自一开始我们就已明白了这个基本的事实，那我们为何不曾以虔信者、忠诚者、纯粹者的率真来作表白呢？我们如果这么做了，我们两颗心就不会陷于猜疑、痛苦、懊悔、气恼和争论之中了。正是无休的争论，把心中的蜜糖变成苦汁，把心灵的美食变为尘土。愿上帝宽恕你，愿上帝宽恕我！

我们应该互相谅解。然而，我们若不能对彼此的坦诚表示完全的信任，我们如何能谅解呢？我要告诉你，曼丽，我要当着天空和大地，当着天地间的一切告诉你：我不是那种把"抒情诗"当做私人信件一样发往东西南北的人，我不是那种在早晨谈论着"重负着果实的心灵"，又在傍晚把心灵、果实和重负都遗忘殆尽的人，我不是那种未将手指经烈火的洗礼就去触摸圣物的人，我不是那种白昼黑夜都无所事事、而以打情骂俏来消磨时光的人，我不是那种轻贱自己灵魂的秘密和内心的隐衷、借着任何一股风都要加以散布的人。我和那些忙碌的人们一样，为很多事情而忙碌；我和那些向往着伟大、崇高、美好、纯洁的事物的人们一样，也向往着伟大、崇高、美好、纯洁的事物；我和那些尽管身边有着七万个男女朋友、却仍感到孤独寂寞的人们一样，也是个孤独寂寞的异乡人；我还和那些人们一样，不喜欢做被冠以各种美名的性游戏。梅伊，我和你我的邻居一样，爱着上帝，爱着生活，爱着人们。至今为止，岁月还没有要求我扮演与你我的邻居不相称的角色。

我刚开始给你写信时，我的信表明了我对你的信任；当你回信时，你的信却表示了猜疑。我心有所迫而给你写信，你在答复时却心怀戒备。我向你诉说了一份奇异的真情，而你却无比婉转地答道："行啊，聪明人，你的抒情诗真美呀！"我很清楚，当初我不曾循规蹈矩，我不曾、今后也不会循规蹈矩。我知道我本应该预料到你的戒心，这正是我痛苦的原因，因为我还想等待意料之外的。如果我是给别人写信，我本该等待预料之中的事情；然而，除了梅伊，我还会对谁倾诉这份衷曲呢？

说也奇怪，这以后我并未后悔。我没有后悔，而是坚守着这份真情，期望着向你倾诉。我屡屡给你写信，但每次都得到婉转的答复，这答复不是来自我所了解的梅伊，这答复来自专事保守梅伊秘密的人，来自一个生活在埃及开罗的聪明的姑娘。我呼唤着，默念着，我得到了答复，是的，答复有了，但不是来自那个"我生活在她之中，她生活在我之中"的人儿，而是来自一个怀着戒心的、悲观的女子，她同我虚与委蛇，似乎她是公诉人，而我则成了被告。

可是我怨恨你了吗？

不，但我怨恨为你保密的那人。

我对你作了公正的还是不公的判决？

不，我根本没有作判决。我的心不能也不会容许让你站到审判台的前面，我的心不能也不会容许让我在审判台上就座。梅伊，我们的事情，是无需作一切判决的。但对于为你保守秘密的人，我有如下的话要说：

每当我们坐下交谈，那位女士就要闯入，在我们面前坐下，摆出一副要记录政治会议议题的样子。我问你，我的朋友，我们需要保守秘密吗？这是个重要的问题。如果你确实需要一个保守秘密的人，那我也该请人替我保守秘密，因为我也得仿效对方的做法。你要我的守密者也出场吗？

你看吧，梅伊：这里是两个山里的孩子在阳光下奔跑；那边共有四个人物———一个女子和她的守密者，一个男人加他的守密者；这里是两个手牵手的孩子，按照上帝的意志，去往上帝所希望的地方；那边是办公室里的四个成人，他们唇枪舌剑，争论不休，坐立不安，每人都试图驳倒对方的谬误来证明自己的正确。这里是两个孩子，那边是四个成人，你的心偏向哪一方呢？告诉我，你偏向哪一方？

唉，但愿你知道我对这无谓的琐事是多么疲倦。但愿你知道我是多么迫切地需要纯朴，但愿你知道我多么向往无遮无掩：那洁白无瑕的、在暴风雨中的、在十字架上的无遮无掩，那哭而不掩饰泪水、笑而不羞于言笑的无遮无掩。但愿你能知道，但愿你能知道！

"这个晚上我在做什么？"

时间已不是晚上，我们现在已到了午夜两点，在这么晚的时间里，你要我们到何处去呢？我们最好还是留在这里，留在这甜美的静夜里。我们可以在此思念，让思念把我们引向上帝的心中；我们可以在此爱着人类，直到人类对我们敞开心扉。

噢，瞌睡虫已在吻你的双眼了。

别否认瞌睡虫已经吻了你的双眼，我看见它吻的，我看见了，像这样吻的，正如人们的亲吻一样。让你的头垂向这边吧，垂到这边来，睡吧，睡吧，我的孩子；睡吧，这是在你的故乡呢。

而我还将不眠，我要独自熬夜。我应该一直守望到天明，我生来就是为了守夜到天明的。

上帝保佑你，上帝保佑我的不眠。愿上帝永远保佑你！

纪伯伦

第21封信

（1923 年 11 月 3 日，波士顿）

【译者按】1923 年 11 月 3 日，纪伯伦给梅伊寄去了一张印有米开朗基罗油画的明信片，并在明信片的下方和背面写道：

曼丽，你看米开朗基罗是多么伟大！这个用大理石创作了大量巨人的人，也能够表现出无比的甜美和温柔。米开朗基罗的生命多么好地证明了：真正的力量是柔美的女儿，真正的温柔是决心的产物。

上帝祝那张美丽的面孔晚安。

纪伯伦

第22封信

（1923年11月8日，波士顿）

【译者按】1923年11月8日，梅伊收到了纪伯伦寄来的两张明信片，上面印有两个希腊女神的雕塑头像。纪伯伦在背面写道：

告诉我，你平生可曾见过比这两张面孔更美丽的什么吗？在我看来，这是达到巅峰时的希腊艺术的最高表现。我每去波士顿，总要参观它的博物馆，而且是径直走进希腊馆，然后在这两座雕像前端坐良久，离开博物馆时也目不斜视，为的是不让别的美冲淡这圣洁之美。

上帝祝那张美丽的面孔早安。

纪伯伦

第23封信

（1923 年 12 月 1 日午夜至次日晨，纽约）

　　梅伊，你的来信在我心中是多么甜蜜，又是多么甘美！

　　五天前我去了野外，在这五天时间里，我告别了我喜爱的秋天。两个小时前我才回到这"峡谷"，回来时我冻成了冰人和雪人，因为我是乘着敞篷车跋涉了一段长途，比拿撒勒[1]到布舍里的路程还要长。然而……然而我刚回到家中，就看到了你的来信，我在一大堆信的上面看到了你的来信。你是知道的，当我拿起我的小宝贝的来信时，所有别的信便全部从我眼前消失了。我坐下读了起来，读你的信取暖，脱换了衣服后，我又读了第二遍、第三遍……我读着你的信，别的信根本没看。曼丽亚，我是不愿用别的饮料来掺兑神圣之饮的。

　　在这个时刻，你是和我同在的。你和我在一起，梅伊，你就在这儿，在这儿，我和你交谈，但我说的不仅是现在这些话语，我在用比这语言更博大的语言同你博大的心灵交谈。我知道你在

1　拿撒勒，巴勒斯坦北部城市，是梅伊的出生地。布舍里是纪伯伦的故乡。

听着，我知道我们能明白无误地交流；我还知道今夜的我们，比以往任何时候都更接近上帝的宝座。

赞美上帝，感谢上帝，我要赞美并感谢上帝。因为异乡人回到了他的故园，游子又回到了他父母的家中。

此刻我还生出了一个很高尚的念头，让我告诉你，我的小宝贝：今后我们要是发生了争执（如果争执是必不可少的话），我们不应像以往那样，在每次战斗后便分道扬镳，我们应该继续留在同一间屋子里，直到我们厌倦了争执，一笑了之，或者是让争执厌倦了我们，让它摇着头扬长而去。

你觉得这个主意如何？

如果我们乐意争执，那就不妨争执一番。既然你是伊赫顿人，我是布舍里人，看来我们的争执还是有点渊源的！但不管今后发生了什么，我们都应该望着对方的脸，直到乌云消散。如果你我的守密者介入进来——这两位往往是引起我们纠纷的祸首——我们应该十分客气、但又毫不迟疑地把他俩请出屋子。

你是最靠近我灵魂的人，你是最靠近我心灵的人。我们的灵魂、我们的心从未争执过，产生争执的只是我们的思虑，而思虑是后天产生的，是我们从周围环境、从可见的事物、从日积月累中获取的。至于灵魂和心，则在我们产生思虑之前，就已是存在于我们心中的神圣的本源。

思虑的职能是安排事物的次序，对于我们的社交生活来说，这是一个必不可少的不错的职能。但是，在我们精神和心灵的生活中，却没有思虑的位置。"高尚的"思虑可以说："将来我们如果有了争执，我们不该分道扬镳。"思虑可以这么说，尽管它自己就是我们争执的祸首。但思虑无法说出一句有关爱的话语，也无法以它的语言为标准来衡量灵魂，或以它的逻辑为砝码来称量心灵。

我爱我的小宝贝，但凭理智我不知为什么爱她，我也不想凭理智知道。我爱她，这就够了；我以我的灵魂和心灵爱她，这就够了；我将头靠在她的肩上，时而忧愁、幽独、孤单，时而兴奋、惊奇、迷恋，这就够了；我和她并肩向山巅走去，又不时对着她说："你是我的伴侣，你是我的伴侣。"这就够了。

梅伊，人们说我是个博爱的人，有些人还因为我爱所有人而责备我。是的，我爱所有人，我不加区别、不加筛选地爱着人们，我把他们作为整体来爱；我爱他们，因为他们都来自上帝的精神。但是，每一颗心都有其特殊的倾向，每一颗心在孤独的时候都会寄情于某一方，每一颗心都有自己幽居的禅房，可以从中觅得宁静和慰藉，每一颗心都向往着和另一颗心联系，藉此享受生活中的幸福与平安，而忘却生活的苦痛。

几年前我就感觉到了我心灵的倾向，我的感觉是简单、清晰而美好的。因此，当圣徒多马[1]出来怀疑、审察时，我造了多马的反。我还要造多马的反，造他的手指的反，直到他听任我们服从神圣的信念，在仙境中幽会。

哦，又是午夜了，但我们想说的话才刚刚说了很少几句呢。我们最好是作默默的交谈，直到天明。到了清晨，我的小宝贝将站在我的身边，伴随我完成众多的工作。然后，在白昼和白昼的问题结束之后，我们将重新回到这炉前，继续我们的谈话。

现在，把你的额头靠过来，像这样……愿上帝祝福你，愿上帝保佑你。

纪伯伦

1　见致梅伊第十二封信注释。

第24封信[1]

（12月2日星期天夜里10点，纽约）

　　今天真是忙坏了。从早晨九点到现在，我们刚送走一批人，就又迎来一批人。然而我时不时总在顾盼着我的伴侣，我对她说：我要赞美和感谢上帝，我要赞美和感谢上帝，因为我们又一次在我们的森林里相逢。这一次我们各自口袋里装的，不是书本或画片，而是一块面包。我要赞美和感谢上帝，因为我们在学校作了先生之后，又回来在宁静的山谷里放牧我们的羊群。我要赞美和感谢上帝，因为可爱的曼丽亚能听到我在静默时的心声，我也能听到曼丽亚静默的心声；还因为她能理解多情的我，我也理解仁慈的她。

　　我赞美上帝，感谢白昼，因为梅伊在这一整天里，都在以我的舌头说话，以我的手受取和给与。我在这一整天里，也以她的目光观察，于是我在人们脸上看到了和善；我以她的耳朵聆听，我从人们的声音中听出了甜美。

　　你问我的身体如何。当你问起我的身体时，我的小宝贝一下

1　此信和下一封信均没有注明年份。

子变成了满怀仁爱的母亲。我的身体很好。那疾病已经离去，留下了一个健康、热情的我，不过也在我双鬓留下了斑白。说来也怪，我是自己治愈了自己，我成了实践者、行动者。因为我发现，医生都是些在臆想、猜测的谷地徘徊的幻想者，他们注重研究结果，试图用药物加以消除，而对原因却不予重视。既然"房子的主人最清楚房子里有什么"，我就去到了海滨和林间，在那里度过了整整六个月，于是疾病的原因和结果全部消失了。

你说我来写一本《现代医学》如何？你愿意和我一起编写吗？

现在我们面前有一个有待研究的重要问题：你当然记得几周前曾向我透露过一个重大的"秘密"，你还记得你要我接受你的"条件"才同意透露这个"秘密"。奇怪的是我还不知道是什么条件就已接受了。那么到底是什么条件呢？曼丽亚小姐，请告诉我你提出的是什么条件，我已经准备执行。我犹豫良久，早想揭开那"秘密"的面纱，你无疑也盼望着撕破"条件"的面纱。请告诉我，你想要什么？你想得到的保证或补偿又是什么？条件终归是条件，被征服者应该接受并执行它，这世界有一个鲁尔[1]问题就已够了。

1　鲁尔 (RUHR)：德国著名煤炭工业区，1923—1925 年间，法国曾因德国未执行凡尔赛条约有关条款为由占领鲁尔。

　　但是，我不瞒你说，在我弄清楚这些条件以后，我要考虑一下脸颊凹陷——或是半凹陷的问题，这脸颊在嘲笑我的胡子呢！你想我会容忍脸上凹陷的部分嘲笑凸出的部分吗？不会的！

　　这可恶的凹陷的部分，对周围正颜厉色的邻部如此不敬重，我定要把它覆盖起来，用我密而长的胡子覆盖起来。我要用我已花白的鬓发作它的殓衣，用我尚余的黑发作它的棺椁。是的，我要向这可恶的凹坑复仇，它竟然不知道生灵万物都会随它的主人发怒而发怒，也会随之微笑而微笑！

　　明天我们将继续谈论。而现在，让我们登上屋顶，在这夜晚的星空下站立片刻……我可爱的小宝贝，请你告诉我：夜晚是比人心更深邃、更神奇吗？星辰的队伍，是比行进在人心灵中的队伍，更为庄严和美妙吗？在夜色里，或在星辰间，有什么东西比上帝手中跳跃着的白色的火焰更为神圣吗？

纪伯伦

第 *25* 封信

（12月3日午夜）

　　我如何回答你关于《先知》的那些问题呢？我该怎么对你说呢？这本书，不过是我在人们无言的内心中、在他们渴望表露的灵魂里，所曾见过的、每天又正在见到的诸多景象中的一小部分。地球上还没有人能够拿出纯属他个人的、与所有人全无关系的的东西来；现在我们中的任何人所做的，也不过是记录别人不知不觉中对我们道出的话语。

　　梅伊，《先知》不过是一个词语里的第一个字母。在过去，我曾想象这个词语是属于我、存在于我、来自于我的，所以我未能拼写出其中的第一个字母，而这导致了我的疾病，更导致了我灵魂的痛苦和焦灼。后来，上帝开启了我的闭目，我于是见到了光明；上帝振发了我的聋聩，我便听到人们念诵这第一个字母；上帝又开启了我的唇舌，我跟着念诵这个字母：我欢欣鼓舞地念诵着，因为我第一次理解到，人们才是一切，而自我一旦脱离了人们便毫无价值。你最知道这种理解能带来多少自由、愉悦和安宁；你也最能理解，一个人在有限自我的牢笼外突然发现新自我时的感受。

　　你，梅伊，你是我尊贵的小宝贝，现在你正帮助我聆听那第二个字母，你还将帮我道出它来，你将永远和我在一起。

　　曼丽亚，把你的额头靠过来，靠过来吧。在我心中有一朵白花，我要把它放在你的额上。当爱颤抖地、羞涩地站在自身面前时，这爱是多么甜美啊！

　　上帝保佑你，上帝保佑我可爱的小宝贝，上帝让她心中充满天使的歌声！

纪伯伦

第*26*封信

（1923 年 12 月 31 日，纽约）

【译者按】1923 年 12 月 31 日，纪伯伦给梅伊寄去一封信，内有一张印有山谷风光的明信片，纪伯伦在明信片的正反两面写下：

今年夏天，这个山谷让我想起了黎巴嫩北部的谷地。

我实在不知道还有什么比生活在山谷中更为愉快的。曼丽，我尤喜冬天的山谷。那时候，我们围坐在火炉前，柏树枝燃烧的芳香在屋里弥漫，屋外是雪花在寒风中纷飞飘洒；窗户玻璃的外面悬挂着冰灯，远方江河的涛声和这白色风暴的呼号汇入耳际……然而，若是我可爱的小宝贝不在我的身边，那么这峡谷、这飞雪、这柏树枝燃烧的芳香、这晶莹的冰灯、这河流的欢歌、这风暴的威厉……都了无趣味了。如果我的被祝福的小宝贝远离这一切，又远离着我，那就让这一切都去得远远的吧！

上帝祝福这张美丽可爱的面孔晚安。

纪伯伦

又及：过去我曾从"剪报社"获取剪报，从去年起，我停止了从该社订阅剪报。我已厌倦了报纸及其登载的言论，这厌倦中有一些精神的困倦。请你原谅，我将另设法搞到一些剪报。

第27封信

（1924 年 1 月 17 日，波士顿）

【译者按】1924 年 1 月 17 日，纪伯伦给梅伊寄去一封信，内有三张印有夏凡纳 [1] 画作的明信片，纪伯伦在三张明信片的背后写下：

在我生命的黎明时期，我曾说过，夏凡纳是继德拉克洛瓦 [2] 和卡里埃 [3] 之后最伟大的法国画家。而现在，到了生命的正午时期，我要说，夏凡纳是整个十九世纪最伟大的画家，因为他的心灵、他的思想、他的表达都是最为朴素的，他的旨趣也是最为纯洁的。我甚至要说，夏凡纳在艺术家中的地位，正如斯宾诺莎 [4] 在哲学家中的地位一样。

在我生命的黎明时期，我常来波士顿城里的这家公共图书

1　夏凡纳 (1824—1898)，法国著名壁画家。

2　德拉克洛瓦 (1798—1863)，法国浪漫主义画家。

3　卡里埃 (1849—1906)，法国画家。

4　斯宾诺莎 (1632—1677)，荷兰著名唯理性主义哲学家。

馆，如痴如醉地站在这些作品前。今天我又来到波士顿这家图书馆，与我可爱的曼丽亚并肩站在同样的作品前，我从中看出了在以往岁月里没有发现的美妙——若没有我的曼丽亚和我在一起，我是什么也不会看见的。缺少光明的眼睛，只不过是长在脸上的窟窿而已。

　　把你可爱的额头靠近些好吗？对，像这样，这样。愿上帝把光明洒满这可爱的额头。阿门！

纪伯伦

第*28*封信

（1924 年 2 月 26 日，纽约）

　　我们今天被一场壮观的暴风雪困在家里。曼丽，你是知道的，我爱一切风暴，尤其是暴风雪。我爱雪，爱它的洁白，爱它的飘洒，爱它深沉的宁静。我爱远方无名山谷里的飞雪，那雪飘舞着，映着太阳的光芒，而后消融，唱着轻歌向前流淌。

　　我爱雪，我也爱火，雪与火是同源而来的。但我对它们的爱，不过是为一种更强、更高、更广的爱所作的准备。

　　那位说出这句诗句的人是多么风趣：

　　"梅伊啊！你的节日只有一天，

　　但你却是这时代的节日！"

　　这句阿拉伯语诗句和最近一位美国诗人寄给我的诗中的一句有着多大的差别啊！那一句诗是这样的：

　　"Your honour and reward

　　That you shall be crucified" [1]

　　没关系——不过我担心自己在得到这份荣耀和报应前就已抵

1　意为：你将被钉在十字架上，这是你的荣耀和报应。

达终点了。

让我们花上片刻时间，回到"你的节日"这个话题。我想知道：我可爱的小宝贝是在一年中的哪一天诞生的？我之所以想知道，是因为我喜欢节日和过节。曼丽的节日对我将非常重要。你会说："纪伯伦，每一天都是我的生日！"那我就说："那么我每天都为你庆祝，但一年中总要有一个特别的节日。"

我很高兴听你说，我的胡子不属于我。我非常非常地高兴。我想，对胡子的接收是那些国际"条件"中的第一条。这胡子曾给我造成不必要的费心和烦神，现在既然我的胡子属于了别人，我应该放下镰刀撒手不管了！让它的主人去承担责任吧！上帝祝福它有了新主人。你有着让人称奇的智慧，我在此不必就这个园艺的话题再作絮叨了。[1]

还有——关于伊赫顿和布舍里之间的分歧，现已完全消释。我在一些报纸上读到，"布舍里青年会"邀请"伊赫顿青年会"在布舍里的教堂赴宴，几天后"伊赫顿青年会"也在伊赫顿的教堂回请了"布舍里青年会"。我认为当初纠纷正是从两个教堂的牧师开始的——愿上帝宽恕他俩！两个地方就这么一直势不两立，直到对牧师的纠葛一无所知的年轻人长大。不过伊赫顿和布

1　在这段话下面，纪伯伦画了一个留着长长胡须的老者的头象，并用拉丁文写了一句话：世界的光荣就是这样逝去。

舍里的修好，并不意味着我们（你和我）今后就不再需要"美观漂亮"的"金柜"了。不，并不意味着如此。你我还得依靠这"金柜"，直到我们都对自己的伴侣完全信赖为止。

我甜蜜的宝贝，你瞧，玩笑就是这样将我们带到了生命最神圣的所在。当我写到"伴侣"一词时，我的心在胸中颤抖起来，于是我站起，在这间屋子里来回踱步，如同寻找自己伴侣的人一样。有时候，一个词对我们的影响是多么奇异呀，它多么像夕阳下教堂里响起的钟声！它把我们身上隐秘的自我，从言谈转为静默，从劳作转向祈祷。

你对我说你害怕爱，为什么你要害怕爱呢，我的宝贝？你害怕太阳的光辉吗？你害怕大海的潮汐吗？你害怕黎明的升起吗？你害怕春天的来临吗？真的，你为什么要害怕爱呢？

我知道一点点的爱是不能令你满足的，我也知道一点点的爱是也不能令我满足。你我都不能也决不会满足于一点点。我们想要很多，我们想要一切，我们想要完美。曼丽，我要说，有了意志就有收获；如果我们的意志是上帝的一片浓荫，那我们定将收获上帝的一道灵光。

不要害怕爱，曼丽！不要害怕爱，我心灵的伴侣！我们应该对爱俯首称臣，虽然爱之中有痛苦、相思和孤独，虽然爱之中有迷茫和无奈。

听我说，曼丽：我今天囚禁在愿望的牢笼里，这些愿望在我出生时就已降生。我今天披着一副古老思想的枷锁，这思想犹如岁月季节那么久远。你可以和我一起站在这牢笼里，直到我们出去迎接白昼的光明吗？你可以站在我的身边，直到这枷锁被粉碎，而后我们自由自在地向我们的山巅攀登吗？

　　现在，把你的额头靠过来，把你美丽的额头靠过来，像这样，像这样。上帝祝福你，上帝保佑你，我亲爱的心灵的伴侣！

纪伯伦

第29封信[1]

（1924 年 11 月 2 日，纽约）

曼丽，你知道你沉默的原因，而我却一无所知。不知而给一个人造成日夜不宁，这是不公平的。

行为和言语都取决于意愿。我的意愿在过去和现在都在于上帝的欢欣。我可爱的小宝贝，请告诉我去年发生了什么。请告诉我，我会报答你的。

上帝保佑你，愿上帝的灵光布满你的心中。

纪伯伦

1　在这封信里，纪伯伦还附寄上一张他站在郊外的照片。

第*30*封信

（1924年12月9日，纽约）

我可爱的小宝贝每天都在祈祷时念起我，她是多么甜美，她的胸怀是多么博大，她的灵魂是多么美丽！

可是，我可爱的小宝贝的沉默又是多么奇怪，她的沉默是多么奇怪呀！这沉默漫长得犹如永世，深远得犹如诸神的梦幻。这沉默无法移译成任何人类的语言。你不记得在轮到你写信的时候你却没写吗？你不记得我们曾经彼此立约，要在黑夜拥抱白昼之前，拥抱我们的和解与和平吗？

你问起我的情况，问起我的"思绪"，问起我在忙于什么。我的情况，曼丽，是和你的情况一样，和你的完全一样。我的思绪，还仍然萦回在你我一千年以前相会的雾霭中。至于我近来为之忙碌的，那都是些纷乱烦冗的事务，谁处在我这样的境地，都必须跨越过去，不管他愿意不愿意。

曼丽亚，生活是一曲美丽的歌。我们有些人成了这歌曲中的高音，有些人则成了歌中的尾声。而我，曼丽亚，看来既不是高音也不是尾声，看来我依然在雾霭中，在一千年以前将我们聚合在一起的雾霭中。

不过尽管这一切，我大多数时间还是花在作画上，有时候我会在口袋里揣上一个小本子，躲到郊外去。日后我会把这本子上的一些东西寄给你的。

这些，是我现在所知道的"我"的一切，如果你愿意，让我们回到我们重要的话题上来，让我们回到我们甜蜜的爱人那儿：你的情况怎么样？你的眼睛怎么样了？你在开罗是否像我在纽约一样幸福？午夜后你在屋子里来回踱步吗？你时不时站在窗口眺望群星吗？然后你是不是就躺到床上，用被子的一角掩起眼中的笑意呢——你在开罗是否像我在纽约一样幸福？

曼丽，我每日每夜都在想你，我常常想念你。每一次思念中都有一些快乐和一些痛苦。很奇怪，曼丽亚，我每想起你来总要在心里悄悄说："来吧，把你所有的忧愁都倾诉在这里，在我的胸中！"有时候，我称呼你用的那些名字，只有慈爱的父母才能理解其意思。

噢，让我吻一下你的右手掌，再吻一下你的左手掌。我祈求上帝保佑你，祝福你，让他的灵光布满你的心中，让你永远做我最亲爱的人儿。

纪伯伦

第 *31* 封信

（1925 年 1 月 12 日，纽约）[1]

　　曼丽——在这个月的六号[2]，我每一刻、每一分都在想你。我把人们对我说的话全部译成曼丽和纪伯伦的语言，全世界只有曼丽和纪伯伦才能懂得这种语言……你当然知道，一年中的每一天都是我们两个人诞生的日子。

　　美国人民是全世界最喜欢过节、送礼和受礼的人民。不知道出于什么原因，这几个季节里美国人对我分外垂青。这个月的六号，他们的盛情让我感到惭愧，又让我沉浸在感恩之中。但是上帝知道，来自你的美好的话语才是我最喜欢、最珍视的，胜于所有人在我面前所做的一切。对此上帝知道，你的心也知道。

　　庆祝结束后，我们——你和我——坐了下来，远离了外界的一切，我们心心相应，交谈了良久。我们说的都是思念所要说的话，都是希望所要说的话。然后我们默不作声，眺望着一颗遥远

1　这是信封上邮戳的日期，原信抬头未标日期。

2　纪伯伦生于 1 月 6 日，但许多人误以为 12 月 6 日。参见致梅伊的第十四封信。

的星星。后来我们又谈了起来，直到黎明。当时，你可爱的手就放在这个地方，一直到黎明。

上帝保佑你，曼丽亚。上帝让他的灵光洒向你，上帝为了爱你的人保佑你！[1]

纪伯伦

1　在这封信的下方，纪伯伦画了一幅画，画面是一只托着火焰的手掌。

第*32*封信

(1925 年 2 月 6 日，纽约)

　　【译者按】1925 年 2 月 6 日，纪伯伦给梅伊寄去一张明信片，画面是达·芬奇所绘女圣徒安妮的头像。纪伯伦在明信片背面写下：

　　曼丽，我每见到达·芬奇的作品，都要感到他的魅力在我心中涌动，甚至感到他灵魂的一部分渗入我的灵魂。当我第一次看到这个奇人的一些画作时，我还是个少年，那个时刻我今生永远难忘，那一天对于当时的我，犹如指南针对迷失在海雾里的船只一样重要。

　　今天我在纸堆里发现了这张明信片，我把它寄给你，让你了解一些在忧郁、孤独、思念之谷，领我的青春到我未知之所在的因素。

纪伯伦

第*33*封信

（1925 年 3 月 23 日，纽约）

曼丽：

　　那个小小的包裹给你造成了焦虑和烦恼，请你原谅我。我本以为用了一条最恰当、最便捷的途径给你捎去，而结果恰恰相反，请你原谅，我可爱的朋友，我会报答你的。

　　这么说，你已经把头发剪短了？你剪去了额头上那些美丽地翻卷着的黑发了。唉，既然该诅咒的剪刀已经占了先，我该怎么说呢？没关系，没关系，我应该相信那个罗马理发师对你说的话……愿上帝宽恕所有罗马人的父亲！

　　我可爱的女友不但告诉了我这个重大的损失，而且还要来个"雪上加霜"，谈起一位"对文明人的金发着迷的诗人艺术家，他只对金色的头发感到愉快，只愿讴歌金发之美，只能忍受世上长着金发的脑袋"。

　　　"我的主啊，我的上帝，原谅曼丽说的每一个字吧！宽恕她吧，用你神圣的光辉蔽盖她的过失，在她的梦中或是醒时向她显明：您的仆人纪伯伦在与美有关的一切方面都具备天主教的特性。主啊，给她派去您的一位天使，对她说您的仆人居住在一间有着多扇窗户的茅舍里，他在任何地方、任何事物中都能看出您的优雅与美丽；他像歌颂美丽的金发一样歌颂美丽的黑发；他面对黑眼睛也像面对蓝眼睛一样肃然起敬。我祈求您，我的主啊，我的神灵！求您启示曼丽，让她莫因为您的仆人纪伯伦的缘故而蔑视一切诗人和艺术家。阿门！"

作完这段祈祷之后，你是否认为我就可以谈起胡子的问题了？不，但我将在这座城市里寻找一个罗马理发师，问问他能否把我的胡子修成平整的园弧形——借助圆规？此外，因为我对外科手术可算得上专家了，所以我不怕动手术！

现在让我们回头来谈谈你眼睛的情况。

曼丽，你的眼睛怎样了？你知道，你凭你的心知道，你的眼睛是我极为关注的。你能用你的眼睛看到面纱后面的事物，那你怎么会问那样的问题呢？你知道人心是不会屈从于标准与距离的法则的，人心中最深邃、最强烈的感情，正是我们降心以从的感情。我们又在这归降中得到快感、愉悦和安宁，而无论作任何企图都不能解释清楚。这是一种深刻的、强烈的、神圣的感情，这就够了，为什么还要发问和怀疑呢？曼丽，我们中谁能将无形世界的语言翻译成有形世界的语言？我们中谁能喋喋不休地说：
"我的灵魂中有一团白色的火焰，它的成因是如此这般，它的含
义是如此这般、它的结局又将是如此这般？"一个人只要对自己
说"我的灵魂里有一团白色的火焰"，这就足矣。

　　我询问你眼睛的情况，是因为我非常关心你的眼睛，是因为
我爱你眼睛里的光芒，爱其中悠远的神色，爱围绕着它起伏的梦
幻般的遐思。

　　但我对你眼睛的关心并不意味着我对你的额头和手指只有较
少的关注。

　　上帝保佑你，可爱的曼丽，保佑你的眼睛、额头和手指。上
帝永远保佑你！

　　　　　　　　　　　　　　　　　　　　　　纪伯伦

第*34*封信

（1925 年 3 月 28 日，波士顿）

【译者按】1925 年 3 月 28 日，纪伯伦给梅伊寄去一封信，内有印着曼特尼亚[1]一幅画的明信片。纪伯伦在明信片背面写下：

曼丽：我非常喜欢曼特尼亚(Mantegna)。在我看来，他的每一幅画都是一首优美的抒情诗。但你应该造访一下佛罗伦萨、威尼斯和巴黎，去看看这位奇特不凡又富于启示和灵感的怪才的作品。

上帝祝福你美丽的脸庞晚安。

纪伯伦

1　曼特尼亚 (1431—1506)，文艺复兴时期的意大利画家。

第*35*封信

（1925 年 3 月 30 日，纽约）

曼丽：

　　是的，我沉默了四个星期，原因是西班牙热病——仅此而已。我是不愿意——极不愿意——为患病而诉苦的。如果我得了病，我希望的只是一件事情，就是从人们的视线里消失——即使是我爱的或爱我的人们。在我看来，治病的最好疗法，就是一个人完全独处。

　　我现在的身体很好，而且是比很好还要好。不瞒你说，现在我的身体是"棒极了"！（布舍里出过的一位壮士，在别人问及他身体时就是这么说的。）

　　《旅行者》[1]的专号如往常一样迟迟出版了。今天早晨我和该报的主编通了电话，他说已给你寄过报纸，并还在继续给你寄去各期报纸，不管是专号还是普通版。

　　可爱的曼丽亚，至于你所说《旅行者》的主编由于你未给他的专号撰文而对你抱有成见，那可就言过其实了。你想想，有我

1　旅美阿拉伯诗人阿卜杜·麦西哈在纽约创办的一份报纸。

在纽约，这地方还会有人对你抱有成见吗？我说过一千零一次这样的话了："我们不是文学作坊，不是你们在一端塞进墨和笔，然后在另一端收取文章和诗歌的机器。我们是在我们想写的时候才写，而不是在你们想要的时候写。对我们做做好事吧，放了我们！我们在一个世界，你们在另一个世界，我们是无法彼此相通的。"你觉得我这番直言不讳的话说得如何？不过，不是开玩笑，你没觉得大多数报刊的编辑都以为作家的头脑就如留声机一样吗？这是因为他们自己就是留声机一样的思想的产物。

我们这里正值初春。空气是迷人的，万物在复苏；灵魂是清新的，朝气在勃发。这时候去野外，恰类似阿什塔特[1]和坦木兹[2]的男女祭司们去拜谒奥夫卡[3]的岩洞。

几天以后，耶稣将从死者中复活[4]，为坟茔中的一切注入生机，杏树、苹果树都将绽开花蕾，美妙的旋律也将回归山涧和溪流。

在这4月的每一天里，你都将和我在一起；在4月过去以后，你也仍然和我在一起，在每个白昼和每个夜晚。

愿上帝保佑你，可爱的曼丽亚！

纪伯伦

1　阿什塔特，古代腓尼基人崇拜的女神，司生育与爱情。

2　坦木兹，即阿多尼斯，古代腓尼基人崇拜的美男子，后被阿什塔特变为一朵花。

3　奥夫卡，黎巴嫩北部村庄，有阿多尼斯和阿什塔特神庙的遗址。

4　按照基督教的传统，耶稣复活节在3月22日军4月25日之间。

第*36*封信

（1927 年 5 月，¹ 纽约）

假如有人一早起来，在床头一看，

呀，有一封他爱的女友的"来信"！

于是他大喊"早上好"、"你好"！

再急不可待地打开信一瞧，

他发现什么了？不多不少，

竟是绍基贝克²的诗歌！

没关系，我也要找一找，找出

达姆斯³阁下精心编织的宏篇长诗，

再加上详尽周全的注解，

再寄给你，来个以牙还牙。

1　这封信发信日子不详。

2　绍基 (1868—1932)，埃及现代著名诗人，被部分评论家誉为"诗王"。应景的诗作在他作品里占较大比例。纪伯伦在这首打油诗里，对绍基缺乏真实情感的作品作了辛辣的讽刺。(贝克是当时对有地位人的尊称。)

3　达姆斯，20 世纪前期的黎巴嫩诗人，以写应酬诗出名。

如果绍基贝克的诗 4 月初就到，

我还会当做一个笑料，我要暗中自笑：

"多好的一位少女，

她对国际邮政的情况真是通晓！"

可它偏偏要在 5 月初才到，

在这花儿开的 5 月，叫我如何是好？

我只有把自己的嘴唇来咬，

（有些人生气时就是这么做的。）

我只有生气，只有暴怒，

在房间里破口大叫！

是的，我要学习"以牙还牙，以眼还眼"的哲学，我要给你寄去阿拉伯诗王们的才智赏给我们的一切。

现在我要问你，在我原谅你、宽恕你之前，我如何才能正常地度过这个白天呢？你们诗王的大作是往我嘴里塞了一把土，我要喝上二十杯咖啡、抽上二十根香烟才能去掉这土腥气！我还要读上二十首济慈、雪莱和布莱克的诗作、再加上一首麦杰农莱拉[1]的诗歌！！

---

1 麦杰农莱拉，原名为盖斯·本·穆拉沃哈，是阿拉伯倭麦亚王朝前期诗人，由于和莱拉的爱情故事而闻名，他在诗作中经常提及莱拉。在阿拉伯语中，"麦杰农莱拉"意为"莱拉的痴情人"。

尽管这一切，还是请你张开手掌……像这样，像人们常做的
那样……

纪伯伦

第*37*封信

（1929 年 12 月 10 日[1]，纽约）

曼丽，我亲爱的朋友：

我今天知道你父亲已去到了金色地平线以外的地方，他已到达所有人都要前往的那个终点。我该对你说些什么呢？曼丽，你的思想、你的听觉，比人们所说的那些安慰的话语是要更为辽远的。我心里希冀着，渴望着，但愿能站在你的面前；我心里期待着，期待默默地把你的手握在我的手中，像一个陌生的亲人，尽可能地感受充满你美好灵魂里的一切。

愿上帝赐你幸福，曼丽，愿上帝每日每夜都保佑你。

上帝为你的朋友而护佑你。

纪伯伦

1　这是该信到达开罗时邮戳上的日期。

第*38*封信[1]

（1930 年 12 月 17 日，纽约）

我曾外出。后收到你尊贵甜美的来信。因患手疾，无法书复。愿此电带去我的爱和美好祝愿。祝圣诞快乐，新年里充满欢歌。

纪伯伦

1　这是一封英文电报。

第*39*封信

（1931 年 3 月 26 日，纽约）

【译者按】这是纪伯伦给梅伊寄去的最后的书简。由于重病在身，信里只有一幅画，画面是一只摊开向上的手掌，托着一团燃烧升腾的火焰。这幅画被称做"蓝色的火焰"，象征了纪伯伦对梅伊纯洁而永不熄灭的爱情。这幅画寄出的十多天后，即 1931 年 4 月 10 日，纪伯伦就被病魔夺去了生命，年仅四十八岁。

译自《蓝色的火焰》，黎巴嫩努发勒出版社 1984 年阿拉伯文第二版。